高职院校学生管理研究

管理研究

崔健 著

延吉·延边大学出版社

图书在版编目（CIP）数据

高职院校学生管理研究 / 崔健著. -- 延吉 ：
延边大学出版社，2024. 8. -- ISBN 978-7-230-06954-0

I. G718.5

中国国家版本馆CIP数据核字第2024JT4595号

高职院校学生管理研究

著　　者：崔　健

责任编辑：史　雪

封面设计：文合文化

出版发行：延边大学出版社

社　　址：吉林省延吉市公园路 977 号　　　邮　编：133002

网　　址：http：//www. ydcbs. com　　　E-mail：ydcbs@ydcbs. com

电　　话：0433-2732435　　　传　真：0433-2732434

印　　刷：廊坊市广阳区九洲印刷厂

开　　本：710 毫米 ×1000 毫米　　1/16

印　　张：12.25

字　　数：200 千字

版　　次：2024 年 8 月第 1 版

印　　次：2024 年 11 月第 1 次印刷

书　　号：ISBN 978-7-230-06954-0

定　　价：78.00 元

前　言

　　新时代，高职院校的各项管理制度创新亟须应时而变，高职院校的学生工作繁杂且重要，关系到高职院校的教学质量和人才培养计划。高职院校学生工作者要深刻认识到新时代高职院校学生管理面临的机遇和挑战，注重学生工作理念创新和学生工作模式创新，树立以学生为本的管理理念。要想做好学生工作，需要不断改革创新，着力内涵发展、突出质量提高，在学校与学生之间构建双向互动的管理模式，建立培育高职院校学生社会主义核心价值观的机制。

　　当前，加强高职院校学生日常管理和思想政治工作的规范性，在管理中融入人文关怀，是做好学生管理工作的重要途径，也是提高高职院校办学水平、实现高层次人才培养目标的必要条件。规范管理即用相对系统、科学、稳定的方式对学生进行管理，最终实现预期目标的管理过程。它要求管理者在管理过程中树立民主和法治观念，依照国家法律法规和学校的各项规章制度，在公开、公正、科学的原则下，按照程序实施有序管理，最终实现科学育人的目的。

本书从高职院校学生管理的概念出发，详细地介绍了高职院校学生管理的内容、组成部分，分别阐述了高职院校学生管理的过程控制、管理机构与队伍建设。接下来，从不同的视角出发，介绍了人本理念下的高职院校学生管理和企业化模式下高职院校学生管理的创新。最后，介绍了网络环境下的高职院校学生管理。本书叙述详细，能够为高职院校学生管理工作者提供一定的参考。

　　本书参考并引用了大量相关文献，在此对作者表示真诚的感谢。

目　录

第一章 高职院校学生管理概述

随着社会的发展和教育的进步，高职院校的学生管理工作面临着新的挑战和机遇。为了适应新形势的要求，高职院校需要不断创新管理体制与机制，加强队伍建设与培训，丰富工作内容与方法，推动学生工作管理朝着专业化、精细化、个性化的方向发展。高职院校应进一步加强对学生管理工作的研究和探索，不断创新管理理念和方法，为学生的成长成才和学校的稳定发展提供有力保障。

第一节 高职院校学生管理的内涵及外延

一、高职院校的学生管理

学生管理是指学校对学生在校内外的学习和活动进行计划、组织、协调、控制的总称，是学校管理者组织、指导学生，按照教育方针所规定的教育标准，有目的、有计划、有组织地对学生进行各种教育、管理和服务，使学生在德、智、体、美、劳等方面得到发展，成为中国特色社会主义现代化事业的建设者和接班人的过程。学生管理工作是一项系统工程，它以德育为主导、以智育为核心、以学风为重点、以党建带动全面工作，涵盖学生的学习、生活、思想教育、日常行为、就业指导等诸多方面。

学生管理是学校管理系统的重要组成部分，其水平直接影响学校人才培养的质量。把学生管理作为科学，探讨学生管理活动的内在本质和规律，能够推动学校教育及管理工作的科学化、理论化、规范化。

学生管理的目的是通过正规而有效的管理，使学生养成良好的学习习惯、生活习惯和行为习惯，具有基本的自立能力、自治能力、独立生活和工作的能力，使学生愉快地学习、健康地成长，成为社会主义事业的合格接班人。

高职院校学生管理是指高职院校通过整合校内外教育资源，依靠专兼职管理工作人员和组织，对学生进行思想政治教育和日常行为规范教育，最终将学生培养成具有综合职业素质和中高级专业技术技能的高素质劳动者的活动。

高职院校学生管理是全校参与的管理模式，这种管理模式强调全校各部门、管理人员及学生的共同参与，形成一个有机整体。但负责管理的主要部门是学生工作部（学生工作处）。高职院校学生管理的具体承担者是学生管理部门的管理人员、班级班主任、辅导员以及兼职学生管理人员。高职院校学生管理是高职院校教育管理的重点之一。

高职院校学生管理在高职院校管理中具有自身独特的地位和价值，高职院校学生管理已经摒弃了广义的学生管理的含义，越来越集中地体现在对接受高等职业教育的受教育者的管理上。

二、高职院校学生管理的特点

（一）高等性

高职院校学生管理的高等性主要是相对包括中等职业学校、技工学校、职业高中等在内的中等职业教育而言的。高职院校学生管理的高等性在于其对学生的整体要求与高等院校对学生的要求一致。高职院校教师的教学水平、学生的学习能力、教材的理论深度、实践教学的综合程度与中等职业教育相比有了一定的提升。高职院校在对高职学生进行高技能培养的同时，更加强调培养学生的综合能力，更着眼于未来，着眼于学生的可持续发展能力。因此，高等职业教育的高等性要体现知识、技术的创新性应用，技术与管理的创造性结合，初次就业能力与后续发展能力的相辅相成。

（二）职业性

高等职业教育属于职业教育范畴，人才培养模式的核心是面向就业，尤其是面向社会培养适合职业要求的高技能职业人才。这里提到的职业能力不仅是一种谋生能力，还是一种能够向相关专业和相关职业领域拓展、延伸及提升的职业能力。

（三）技术性

高等职业教育属于技术技能教育范畴，其最基本的要求是让学生有一技之长。因此，高等职业教育要重视教学的实践性、教育的技术性、能力的操作性，在推动高等职业教育发展的进程中，通过"产学结合、校企合作"的路径，建立高等职业教育理论与产业、企业实践技术之间的双向互动与互利机制。

（四）时代性

高等职业教育与国家的经济、政治、文化、社会生态的发展紧密相关。同样，高职院校学生管理自然也具有时代性。当前，高职院校的学生基本上是在大众化教育模式下成长起来的新生代，他们普遍具有思想认识的独立性、行为选择的多样性、价值判断的复杂性和个体特征的差异性等特点。他们自我意识较强，具有竞争的内动力，有较强的自我管理意识和需求。学生的这种特点要求当前高职院校开展学生管理工作要符合时代特点。

（五）目的性

高职院校学生管理工作的重点是由高等职业教育的培养目标、特点、实质和根本任务等因素决定的。高职院校教育的直接目标是为生产、服务和管理第一线培养技术应用型创新人才，是为在生产现场直接从事生产操作或在生产或工作现场从事技术或管理工作而培养应用型人才，培养可上可下、可跨行业、具有应用性的职业技术人才。高职院校学生工作的重点在提高学生职业能力的基础上，着重强调培养其岗位职业能力、提高其综合素质。

（六）实践性

高等职业教育是社会按照一定的要求，培养符合社会发展需要的社会成员的实践活动。高职院校学生管理工作是有目的、有计划、有组织的社会活动。高职院校学生管理工作要按照目前我国经济社会发展的需求，通过思想政治理论课教学、报告会、讲座、主题班会、社会实践等系列教育实践活动，把学生培养成为拥有正确的道德认识、高尚的道德情感、坚定的道德意志、良好的道德行为的职业人。

三、高职院校学生管理的内容

（一）确立高职院校学生管理工作理念

要理解高职院校学生管理的内容，就要先树立高职院校学生管理工作理念。

1. 树立"以人为本"的学生管理工作理念

"以人为本"的学生管理工作理念就是以生为本，就是要充分理解学生，信任学生，尊重学生的人格、尊严、需要、权利，一切从学生的实际出发，促使学生健康发展。在新形势下，高职院校的学生管理者必须做到以生为本，各项工作都要从学生的内在需要出发，充分肯定学生的优势，为他们制定切合实际的发展目标，促使他们挖掘潜能，为他们创设发展的机会，使他们都能体验到成功带来的满足和愉悦，并在这种满足中实现自我价值。

（1）思想观念要以人为本

学生是有思想、有感情、有需要的活生生的人，是有独立人格、个性特点的人，他们有自己的兴趣爱好、行为习惯，处于主体地位。高职院校的学生管理者要创新管理理念，做到"以人为本"：充分理解学生、了解学生、知晓学生，为学生排忧解难；尊重学生，尊重学生的人格、需要、尊严和权利；信任学生，相信学生有巨大的发展潜力，相信每个学生通过努力都能有所发展。要切实改变对学生的看法，改变认为学生像是等待加工的产品、处于被动的客体地位的看法；不要认为听话的学生就是好学生，改变把学生管得循规蹈矩、服服帖帖，扼杀学生个性的发展，导致高职院校培养的人才缺乏活力、没有个性、创新能力不强的工作方式。要树立以人为本的思想观念，真正地关心学生、爱护学生，使他们的个性得到充分发展，具有一定的创造意识和创新能力。

（2）制度建设要以人为本

"不以规矩，不能成方圆"，高职院校学生管理工作如果没有确定制度、规矩是不好开展的。高职院校在制定学生管理制度时，应体现以人为本的管理理念。例如，制定学生管理制度的目的是更好地教育和管理学生，维持学校整体的教育教学秩序，而不是限制学生的自由或剥夺学生的某些权益。

（3）教育环境要以人为本

"近朱者赤，近墨者黑"，说明教育环境对人的发展影响是很大的。因此，高职院校的学生管理者应树立环境育人的理念，为学生营造良好的环境，充分发挥环境育人的功能。学校可以组织开展各种活动，为学生提供展现自我的平台，使学生得到锻炼，并得到相应的发展。

（4）方法手段要以人为本

传统的学生管理方法和手段简单、生硬，如说教，用制度去管制，用条条框框约束限制学生的言行，等等，这些都没有真正地考虑学生的身心特点，没有从学生的内心需要出发，忽视了学生的感情。学生管理工作的方法和手段不科学，是不能培养出社会需要的人才的。要树立"因材管理"的新理念，从学生的实际出发，为他们创造机会，充分发掘他们的潜能，使他们得到应有的发展，确保学生的整体素质得到提升。

2.树立教育、管理、服务相融合的理念

（1）教育是学生工作的关键

高职院校学生管理工作应重视对学生的思想教育，增强教育工作的针对性、实效性，尤其是要关注学生中的特殊群体，如家庭困难的学生、有心理问题的学生等，帮助他们正确认识问题，学会克服困难和解决问题。要充分重视高职院校思想政治理论教学，将正确的思想观念融入学生头脑中，使学生正确认识社会现象，提高辨别是非的能力，树立正确的世界观、人生观和价值观，并转化为自觉行动。

（2）管理是学生工作的基础

随着高等职业教育的快速发展，学生的整体素质也发生了变化，学生管理出现了许多新问题、新情况，给学生管理工作带来了新的挑战。新形势下，应创新学生管理理念，将制度管理和情感管理相结合，情理相融，使学生自觉遵守各项规章制度，规范学生的日常管理，维持良好的教学秩序。

（3）服务是学生工作的依托

在高职院校学生管理工作中，学生管理者要牢牢树立为学生服务的思想。对于家庭困难的学生，可以通过助学贷款、国家助学金等帮助其减轻经济压力，同时也可以为其提供勤工助学岗位，让其通过自己的付出而获得一定的生活补助等；对于有心理问题的学生，可主动与其谈话、沟通，或与心理健康教育指导中心的心理咨询教师联系，帮学生解决问题，引导学生要正确对待生活；对于就业有压力的学生，可以广泛收集社会招聘信息，及时公布就业有关信息，主动联系用人单位，定期召开双向选择洽谈会，为学生提供就业机会。

总之，高职院校学生扮演多种角色，如学习者、消费者、创造者等。学生作为学习者，是指学生不仅要学好专业知识、拓宽知识面，还要锻炼能力，增强身体素质；学生作为消费者，是指学生上学需要缴纳学费，他们希望参与学校的管理；学生作为创造者，是指学生能运用已有的知识和能力进行研发和设计，从而实现自己的价值。因此，学生管理工作者应树立科学的管理观，自觉、主动地把教育、管理与服务有机地结合起来，开创学生管理工作新局面。教育、管理、服务一体化的实质是在教育中管理、在管理中服务、在服务中使学生接受教育。

3. 树立时代性、科学性、层次性相结合的理念

时代性、科学性与层次性相结合的理念就是要树立依法治校的管理理念、与时俱进的发展理念和实事求是的实践理念。

（1）时代性：与时俱进的发展理念

随着社会的发展、科技的进步，学生获得信息的渠道越来越多。网络使高职院校学生管理工作出现了新问题、新情况，同时也为高职院校学生管理工作提供了新手段、新途径。例如，网络工具、电子邮箱、高职院校通以及管理系统等的使用，方便了和学生的沟通，提高了工作效

率。当今社会，高职院校的学生管理工作者应创新教育观念，树立信息资源意识，主动运用网络教育平台。

（2）科学性：依法治校的管理理念

随着国家对法律知识的宣传与普及，学生的法治意识逐渐增强。这就要求高职院校的学生管理人员平时多关注和学习法律常识，掌握有关的法律知识，具备一定的法律意识。过去，高职院校的学生管理人员在管理过程中缺乏法律意识，有时会发生一些侵害学生权利的事情。例如，为了不让学生使用大功率电器，宿管老师在学生不在的情况下，打开宿舍，翻箱倒柜。

（3）层次性：实事求是的实践理念

对于不同的学生群体，高职院校学生管理工作要分层次开展。例如，对于学习努力、成绩优秀、表现良好的学生，可以引导他们更深入地学习，如可以通过专升本等途径进一步深造；对于学习、表现一般的学生，可以引导他们积极参加活动，养成良好的习惯，而不能放任自流；对于有特长的学生，可以引导他们参加相应的社团等，以发挥他们的优势，使他们得到更好的发展。

（二）高职院校学生管理的工作内容

树立正确的高职院校学生管理工作理念之后，就要具体地开展学生管理工作。

高职院校学生管理工作内容按照不同的标准，有不同的划分方法。

1. 从学校管理的角度划分

管理作为一种社会现象，是以人为中心进行的协调活动。为了实现教育目标，高职院校要科学地组织、协调管理工作，使教育、教学工作持续、稳定、有序地运转。高职院校的管理具有管理对象的特殊性、管理方法的灵活性、管理内容的复杂性、管理过程的服务性等特征。学生管理工作应控制、约束和规范学生，还应指导学生和服务学生。高职院校学生管理工作的主要内容为：学生学籍管理、学生行为管理、学生活动管理、学生住宿管理和奖励与处分管理等。

（1）学生学籍管理

学生学籍管理是高职院校学生管理的重要组成部分，是对学生在校期间整个学习过程的管理。学生学籍管理关系到学生的学习资格和学习状态及结果的认定，主要涉及颁发学历证书和资格证书、纪律与考勤、入学与注册、休学与复学、转学与退学等管理活动。高职院校应当建立和完善学生学籍管理制度，规范学籍管理行为，维护正常的教育教学秩序，保障学生的合法权益。这部分工作主要由学校教学管理部门负责。

（2）学生行为管理

学校的学生行为管理工作应该着眼于全局，要对学生的日常行为进行监督，要及时采取各种有效措施，使学生能健康成长。这部分工作主要由学生管理部门负责。

（3）学生活动管理

学生活动管理要求学生管理工作者通过采用各种有效措施，对学生进行德、智、体、美、劳等方面的教育。学生活动管理的特点是阶段性、周期性、计划性、系统性。学生活动管理的内容包括思想教育活动、艺术、文艺、美术、科技、社会实践、社会服务、体育活动和勤工助学活动，法律规定允许的大型集体游行、示威活动等。这部分工作主要由校团委、学生处等部门负责。

（4）学生住宿管理

学生住宿管理是高职院校学生管理工作的难点和重点。学生住宿管理的内容包括：行为规范管理、环境与卫生管理、安全保卫管理等。学校要建立健全学生住宿管理制度，高职院校学生应当遵守学校关于学生公寓或宿舍管理的制度。这部分工作主要由后勤部门和学生管理部门共同负责。

（5）奖励与处分管理

奖励与处分管理是指学校依照相关规定对学生进行的奖励与处分。这部分工作由院系团委、学生管理部门、学校就业指导中心负责。

2. 参照规章的要求划分

参照《普通高等学校学生管理规定》《高等学校学生行为准则》的要求，高职院校学生管理的内容可以按以下几种方式来划分：

（1）按高职学生的活动形式进行划分

第一，学习管理。学习管理必须全面考虑学生的发展。在学生学习的过程中，不仅要强调课堂学习，还要重视课外学习；不仅要强调校内学习，还要组织他们在社会实践中学习、锻炼；不应只让学生学习书本知识，还应指导学生手脑并用，提高将所学知识应用于实际的能力；不仅要让学生增长知识，还要让学生发展技能；不仅要发展学生的智力，还要增强学生的体质；还要特别重视使学生形成良好的思想品质。

第二，生活管理。生活管理是高职院校学生管理工作的重要内容，搞好生活管理，对体现党和政府对学生的关怀、保护学生的身心健康、建立正常的教学和生活秩序、培养高职学生的优良品德和文明习惯、实现学校的培养目标都有不可忽视的作用。高职学生生活管理，包括对高职学生在校期间一切生活活动的管理，如饮食起居、卫生健康等方面。这些管理工作的目标都是为高职学生提供优质生活服务，促使其养成良好的习惯。

第三，行为管理。高职学生行为管理是对高职学生的日常行为进行指导、监督、检查及纠正的管理。对于一些足以影响学生品德的突出问题，学校必须给予高度重视，并及时采取防范措施，以保证高职学生的健康成长。

第四，常能管理。常能管理是对高职学生日常学习、生活、活动等能力的培养、指导的管理。所谓常能，是指最平常的、最基本的生活能力、活动能力。常能管理主要强调培养学生的高级能力，如抽象思维能力、科研能力、处理信息的能力等。学生如果缺乏常能，不仅不可能学习和掌握高级能力，还会产生极其严重的后果。常能训练，就是要培养学生独立生活能力和自治、自理的能力。

第五，常规管理。常规管理主要是指经常性的规章制度的管理，内容包括课堂常规、宿舍常规、图书馆借阅常规、饭厅常规、集会常规、实验操作常规、劳动常规等方面的管理，以及师生之间、同学之间应有的礼貌要求。对于正确、合理的常规，应在学生入学时就反复训练，使之自觉遵守，形成习惯；对于过时的、不合理的常规，应及时修改。常规管理的目的在于培养高职学生良好的行为习惯。

（2）按教育内容划分

第一，德育管理。德育管理是组织、协调和控制德育在高职院校有效实施的过程，是学校按照一定要求，根据高职学生的身心发展特点和品德形成规律，有目的、有计划、有组织地对学生在心理上施加系统的影响，把一定的思想和道德转化为学生的思想品德的过程。德育管理主要包括：爱国主义教育、集体主义教育、理想教育、辩证唯物主义教育、文明礼貌教育、诚实正直教育、遵纪守法教育、劳动教育等。

第二，智育管理。智育管理是对高职学生的智育活动进行计划、组织、协调、安排、控制的总称，它是学校按照一定的智育教育标准，有目的、有计划地对高职学生进行智育教育，使其掌握专业知识和技能，将其培养成为社会主义合格人才的过程。高职学生智育管理的内容包括学习知识的管理、培养技能的管理、开发智力的管理等方面。

第三，体育与卫生管理。体育管理是高职院校教学管理的重要组成部分，它是学校对学生的体育活动进行计划、组织、协调、控制的总称。体育管理指高职院校组织、指导学生按照一定的体育锻炼标准，有目的、有计划、有组织地进行体育教育和锻炼，从而使学生拥有健康的体魄，以满足在校学习和日后工作的需要。体育管理在遵循学生身心发展规律、教育规律和学校体育管理原则的基础上，以尽可能少的人、财、物、时间、信息的投入，采用最佳手段和方法，以获得最佳的体育效益。卫生管理是高职院校管理工作的重要组成部分。高职学生卫生管理包括作息制度卫生、教学卫生、课外活动卫生、体育锻炼卫生、学校环境卫生、教学设备卫生、膳食卫生、供水卫生、住宿卫生、心理卫生、健康检查、疾病预防、卫生宣传等工作的管理。

第四，美育与劳动技术管理。美育管理是高职院校教育管理在美育领域的具体表现。加强对高职学生的美学教育，提高学生的审美趣味和审美鉴赏力，激发学生的审美创造力，是当今高等职业教育的重要内容和任务之一，也是培养德、智、体、美、劳全面发展的人才的任务之一。如何把美学因素融入教学过程，是高等职业教育必须重视的问题。美育管理包括培养高职学生正确的审美观和感受美、欣赏美的能力，培养其情操美、行为美和审美创造力。教育与生产劳动相结合是培养全面发展的人才的重要途径。劳动技术教育管理是高职院校教育管理的重要组成部分，加强高职学生的劳动技术教育管理，对高职院校坚持社会主义办学方向、深化教育改革、提高高职学生的素质、促进其身心健康和谐发展都具有重要意义。

高职院校学生管理工作还包括共青团工作管理、学生会工作管理、学生社团工作等方面的管理。

总之，高职院校学生管理的内容十分丰富，管理方法多种多样。学生管理是高职院校管理工作中必不可少的重要组成部分，是学校培养合格人才的必经途径。

第二节　高职院校学生组织与干部管理

一、高职院校学生组织

（一）高职院校学生组织的概念和特点

组织是指按照一定的目的和系统组织起来的团体，或者说把具体任务或职能相互联系起来的整体。组织是按一定的目标做出的系统的安排，包括权力分配与责任划分、人事安排与配合，以便达到共同目的。

高职院校学生组织是指专业、年级、班级等不同系统为培养德、智、体、美、劳全面发展的建设者和接班人而组织起来的领导团体，如学生党支部、团总支、学生会、班委会等。与其他组织相比，学生组织具有以下特点：

第一，权力范围小。学生组织同样要进行职责划分和任务分工，但其权力范围比一般组织要小得多，且不与社会生产及其他经济活动发生直接联系。学生干部虽然参与政治和行政管理活动，但没有直接制定政策的权力，主要负责执行。

第二，成员变动大。学生组织成员变动较为频繁，任职时间最长的为三年或四年，一般情况下，任职时间为一至两年。这是由高职院校学制决定的。

第三，系统性强。除了校级学生组织跨系统，其他学生组织均以系、专业、年级和班级为系统成立，一般与高职院校党政组织设置系统相适应。

第四，服务性强。学生组织的主要任务是贯彻、落实和执行高职院校党政领导部门所下达的各项具体任务，直接为学生的思想政治活动、业务学习活动、文娱体育活动等服务。此外，服务性强还表现为学生组织所做的工作只是义务，没有任何报酬。

第五，民主性强。通常情况下，学生组织都是由民主选举直接产生的，没有任命制，只是个别或少数采用聘任制。

（二）高职院校学生组织建设的原则

建设高职院校学生组织必须遵循以下两条原则：

1. 精干原则

精干原则是建设高职院校学生组织必须遵循的原则，否则很容易产生人浮于事的现象，造成人力、物力和财力的浪费，工作效率不高。但是，把精干原则理解为越少越好，导致不能完成工作，同样不符合精干原则的要求。因此，必须正确理解精干原则所包含的两个方面的含义，即质量和效果。高职院校所建设的学生组织，既要在数量上满足工作的需求，又要在质量上满足工作的需要。这里所谈的数量和质量又分别有两个含义：数量是指工作任务量和干部成员的多少；质量是指干部成员的素质和完成工作任务的质量，二者必须有机结合。

2.统一原则

组织结构完整严谨，职责划分合理，内部分工明确，协调配合得当，是统一原则的主要内容。具体要求是：第一，把同一类工作任务归于某一学生组织或部门管理；第二，专人专职负责，职责相称；第三，指挥灵活，信息沟通渠道畅通；第四，各部门之间经常交流信息、互相配合。

总之，高职院校学生组织建设要做到科学搭配、结构合理、上下沟通、信息灵敏，这样才能极大地提高工作效率，达到预期的目标。

二、高职院校学生干部管理

（一）高职院校学生干部与高职院校学生干部工作

1.高职院校学生干部

（1）高职院校学生干部的含义

高职院校学生干部是指辅导员做好学生工作的得力助手，是师生关系联系的桥梁和纽带，是学校第二课堂和校园文化建设的主力军。高职院校学生干部是高职院校学生管理工作的中坚力量，是学生实现自我管理、自我引导、自我完善的主要力量，是师生之间相互联系、相互沟通的桥梁。

（2）高职院校学生干部的特点

第一，队伍庞大。依据高职院校学生组织的要求，学生干部人数一般要占学生总人数的三分之一以上。这一特点是由高职院校学生活动内容的广泛及内在联系决定的。

第二，人才齐备。高职院校学生干部是经过高考筛选后再严格筛选出来的来自全国各个地区的精英。

第三，热情高涨。高职院校学生干部基本是20岁左右的青年，体力、精力充沛，对未来充满憧憬，敢想、敢说、敢为。

第四，了解学生生活。高职院校学生干部始终与学生同吃、同住、同学习，朝夕相处、形影不离。学生干部最了解学生，学生也最了解学生干部。学生干部的举动，学生都看得清清楚楚，这给学生干部工作带来了许多便利，可以使学生干部及时地了解同学的要求、思想动态等，以便制订有效的工作计划。学生干部工作也可以直接接受学生的监督和检查，及时修正工作中存在的不足或失误，以便把工作做得更好。

2. 高职院校学生干部工作

（1）高职院校学生干部工作的含义

高职院校学生干部和高职院校学生干部工作是两个既有联系又有区

别的概念，不能混为一谈。高职院校学生干部工作是指高职院校学生干部运用一定的工作技巧和方法，在一定的职责权利范围内，充分调动本校或系或班或小组同学的积极性和创造性，努力实现培养德、智、体、美、劳全面发展的建设者和接班人这一宏伟目标的过程。这个过程包括确立目标、预测决策、制订计划、指挥执行、组织协调、指导激励、沟通信息、监测反馈、过程调控、工作评估等。

（2）高职院校学生干部工作的特点

第一，执行性。高职院校学生干部和其他学生一样都是学生，都处于受教育阶段，缺乏应有的高职院校管理决策能力，也不承担高职院校管理决策的社会责任。高职院校学生干部的主要工作是贯彻执行和落实学校下达的各项工作任务。

第二，广泛性。高职院校学生干部工作涉及高职院校工作的各个方面，其内容必定丰富而广泛。从总体上来讲，高职院校学生干部工作包括思想政治教育工作和日常事务管理两大方面。具体来说，在思想政治教育工作中，要经常组织党团政治活动，如政治学习、讨论，发展党员和团员，举行各种竞赛等；在日常事务管理中，要抓校风校纪的建设、业务学习、文体活动、生活卫生等。

第四，具体性。高职院校学生干部工作具有具体性。例如，在落实学校领导下达的开展"学雷锋户外活动"的具体任务时，学生干部要做出详细的计划和安排，把"学雷锋户外活动"的具体任务分派到个人，并自始至终地参加活动的全过程。

第五，周期性。高职院校学生干部工作具有明显的周期性，且周期短，一般为一个学期或一个学年度。在每一个工作周期开始时，高职院校学生干部都要在认真总结经验的基础上，不断地分析新情况、研究新问题，采取新的方式和方法做好新的工作。

（二）加强高职院校学生干部管理的途径

提高高职院校学生干部自身的素质既是高职院校学生干部履行好自身职责、完成学校交代的各项任务的首要条件，也是把自己培养成为社会主义事业接班人的内在要求。接受学校有系统、有计划、有目的的组织教育与考核是学生干部提高自身基本素质的一条重要途径。如何对学生干部进行有效的组织教育和全面的考核，加强对学生干部的管理，也是摆在高职院校学生管理工作者面前的一个重要课题。

1.加强组织教育

高职院校学生干部既是干部，又是学生，其成长与进步同样离不开学校组织的教育与帮助。因此，高职院校学生干部必须接受有系统、有计划、有目的的组织教育。学校应把通过组织教育来提高学生干部的基本素质纳入工作计划，作为培养合格的社会主义接班人计划的重要组成部分，从政治思想、理论修养、工作常识、基本技能等方面出发，对他们进行全面、系统的培训。

2.加强组织考核

组织考核是提高学生干部基本素质的又一有效途径。它可以帮助学生干部及时发现自身的不足，正确对待其取得的成绩，从而全面发展。考核学生干部素质的途径有很多，一般可分为学校组织考评、学生干部自评、学生考评三种，但应以学校考评为主。考评学生干部基本素质的内容有很多，但应以考评思想品德和心理能力素质为主。

（1）对思想政治素质的考核

考核学生干部思想政治素质的方法有很多，但最有效的途径是对学生干部的实际工作进行认真的观察和分析，透过现象把握其政治立场、观点、态度、世界观、人生观和价值观等。对学生干部存在的一些不良现象及不正确的言论，要进行认真分析和教育，帮助他们端正思想。实事求是地考核学生干部的基本思想政治素质，既有利于学校增强学生干部培训工作的针对性，准确地选拔和任命学生干部，又有利于帮助学生干部正确地认识自己、了解自己，从中受到教育，进而提高其思想政治素质。

（2）对品德素质的考核

学生干部要履行好职责，除了要有坚定正确的政治立场，还要有优良的品德素质。高职院校应经常对学生干部的品德素质进行考核，及时发现他们的不足和错误，并帮助他们改正错误、弥补不足。

考核学生干部的品德素质，要从工作作风、生活作风以及批评与自我批评等方面入手，要注重在实践中考核。衡量学生干部是否有良好品德素质的标准，归结起来，主要有三条：一是态度，即在工作上是否肯干、积极、认真和负责；二是服务，即是否乐于把自己的长处与能力用于工作，是否乐于奉献，是否乐于为全体学生服务；三是律己，即在学习、工作和生活中是否严于律己、以身作则、勇于抵制不良倾向。

对学生干部的品德素质做出实事求是的考评后，要将考评的结果通过适当的方式和途径反馈给学生干部，使他们知道自己的不足，帮助他们在实践中不断提高品德素质。

（3）对心理素质的考核

针对学生干部的心理能力素质状况开展及时、有效的考核是十分重要的。学生干部在工作中会遇到许多矛盾，需要处理好各种复杂的关系，如学习与工作的关系等，如果没有顽强的意志，就很难克服各种困难。如果没有较强的指挥、协调能力，就很难把学生组织起来，也不可能得心应手地处理好各种具体的工作关系和矛盾。学生干部是否有顽强的意志，是否有宽厚的胸怀，是否有熟练的指挥协调能力，都可以从具体工作中反映出来。

　　学校领导和教师要注重在工作实践中考核评估学生干部的心理能力素质，这样才能对学生干部的心理能力素质有客观的评价，也能有的放矢地帮助他们提高心理能力素质。

第三节 高职院校学生自我管理与民主管理

高职院校学生的自我管理和民主管理，是高职院校学生管理工作中的一个重要组成部分。它侧重于调动学生的主体意识，在学生管理工作中，起补充和完善的作用。

一、高职院校学生自我管理

高职院校学生的自我管理，简而言之，就是学生自己管理自己，其目的在于激发学生在管理中的主人翁精神。它是学生根据教育目的和培养目标的要求，运用现代科学管理方法，为实现个人管理有效地调动自身的能动性，训练和发展自己的思维，规范和控制自己的言行，完善和调节自己心理活动的过程。就其方法来说，学生自我管理可分为学生个体自我管理、集体自我管理和参与性自我管理。

（一）学生自我管理的特征

1. 对象特征

对象特征即管理与被管理两者的统一。学生自我管理同其他管理活动的根本区别在于，其他管理活动强调对他人或他物的管理，而学生自我管理则是行为发出者作用于自身的活动过程。学生自己既是管理者又是管理对象，这是学生自我管理最基本的特征。进行自我调节和控制，是学生自我管理的实质所在。

2. 过程特征

过程特征即自我认识、自我评价、自我控制、自我完善四位一体。在学生自我管理中，从目标的制定到组织实施，再到调节控制，以及不断完善，皆由学生自己完成。学生在认识社会、他人和自己的基础上设计自己，在管理过程中评价、控制自己，最后实现目标。到此，也就完成了学生自我管理的一个循环。

3. 内容特征

内容特征即不同的时代具有不同的内容。此特征包括以下两方面的含义：第一，生活在一定社会条件下的人，其思想水平、知识水平和心理素质会被打上时代的烙印，学生也是如此；第二，学生自我管理的目标及其社会意义具有鲜明的社会、政治、经济和文化特征。社会为自我管理提供了汲取营养的现实土壤，而新时期的高职学生应该热爱祖国、热爱人民，追求真理、锐意进取，艰苦奋斗、乐于贡献。

（二）学生自我管理的原则

从整体上说，学生自我管理不完全取决于个人愿望和努力，它必须反映社会和学校的需要，必须受社会条件和学生管理制度的制约，必须符合社会道德规范，必须同学校的培养目标一致，并融于社会管理和学校管理之中。学生自我管理除了要遵循管理的一般原则，还要遵循以下几个原则：

1. 自觉自愿原则

学生自我管理是学生自己管理自己的一种管理方式，从管理目标的确定、管理内容的制定和实施到信息反馈、总结纠正等，都由学生自己编排，要自觉自愿。当然，自觉自愿不是放任自流，为了保证自我管理的正确方向，学生在自我管理时，必须接受学生管理部门的指导和必要的约束。对集体自我管理来说，必须注意全体学生参与管理工作，充分调动和发挥每个人的聪明才智。

2. 认识评价原则

学生在实行有效的自我管理之前，必须全面认识自己及自己所在班组、学校乃至整个社会的现状。要认识就必须参与，只有参与，才能认识得更全面。学生自身的政治素质、文化素质、心理素质、身体素质和社会阅历是其进行自我管理的内在条件，而班级、学校的状况、目标、任务、结构和功能，国家政策、经济文化背景和社会规范等是其进行自我管理的外在条件。学生只有正确认识社会、客观评价自己，才能使自我管理切合实际。

3. 严密性与松散性相结合的原则

所谓严密性是指学生的自我管理应当有相对稳定的组织、明确的宗旨、科学可行的计划和管理制度，有相对稳定、水平较高的骨干力量。所谓松散性是指在严密性的前提下，学生进行自我管理的时间、地点、参加人员、活动内容及形式可做一些选择。这里的"严"与"松"是辩证统一的，如果没有明确的目的、严密的组织、严格的制度和较好的管理者，就难以维护集体的共同利益，也难以实现教育目的。因此，学生在自我管理中要强化集体意识，自觉服从、维护集体决议，做好集体工作。只有这样，才能保证学生自我管理朝着正确的方向前进。同时，由于高职院校学生群体内部结构层次的复杂性，在保证集体利益和共同要求的前提下，学生自我管理要尊重学生的个性，促进学生个性发展，同学之间要互相尊重、互相学习，在相互帮助中共同进步。

（三）学生自我管理的作用

学生自我管理有以下两个作用：

1. 加强学生自我管理，有利于学生健康成长

青年学生强烈希望自己的意志和人格受到外界的尊重，具有强烈的参与意识，而学生自我管理则恰恰能满足他们的这种心理需求，能够促进其心理健康发展。但是，学生的世界观、人生观、价值观尚在形成过程中，他们处在复杂、动态的环境中，也必然会受到各种错误思想的干扰。要有效消除这种影响，除了学校、社会和家庭要给予教育、指导，学生

自己也要加强理论、思想修养，在自我管理的实践中，提高辨别和抵制错误思想的能力，使自己健康成长。

2.加强学生自我管理，有利于提高学生适应社会的能力

随着人才市场需求关系的变化，社会对学生的知识水平、知识结构、专业技能以及社会适应能力提出了更高的要求。因此，学生在复杂的社会环境中，既要适应社会的要求，又要有所作为，必须利用一切可以利用的机会，有针对性地实施自我管理，不断提高自我认识、自我评价、自我控制能力，实现自我完善，为将来走出校门后尽快地适应社会奠定坚实的基础。

（四）学生自我管理的内容

学生自我管理的内容是由时代对高职院校学生的要求和历史赋予他们的使命决定的，概括起来主要分为思想素质、业务素质和身心素质三个方面。它们之间是相互作用、相互渗透的。下面仅对业务素质的自我管理做简单的阐述：

所谓业务素质的自我管理是指学生在教师的指导下，通过积累知识、发展智力和锻炼能力而进行的管理。

1.要树立正确的成才观

学生的成才，不仅是由其自身的知识、智能决定的，主要是由其正确的学习目的和勤于奋斗的精神决定的。那些极端利己、自私的人，那

些从自我出发，把个人利益置于集体、国家利益之上的人，不仅不会成才，还可能会成为社会发展的阻碍。只有那些拥有远大理想和抱负的人，才能使知识、智能、素质得到统一；只有那些把自己的前途和国家命运、民族未来紧密联系起来的人，才会有所成就。

2.要掌握学习规律，完善知识结构

学生的主要任务就是通过脑力劳动，不断增长知识、提高能力、掌握学习规律、完善知识结构。课堂学习是学生接受知识和教育的主要途径。预习、听课、复习等是学生课堂学习的主要环节，也是学生加强自我管理的重要方面。学生还要学会自学。知识分为两个方面，即书本知识和实践知识。学习实践知识，就要投身于实践，在实践中积累知识、完善知识结构。同时，还要完善智能结构。智能是智力和能力的总称，是指一个人观察问题、分析问题和解决问题的能力。观察力、记忆力、思维力、想象力和操作能力是智力结构的五个要素。

（五）学生自我管理的途径

学生自我管理是在家庭、社会和学校管理教育的灌输、组织、指导下，进行自我规划、自我调节、自我教育和自我完善。由于人和社会环境的复杂性，学生实现自我管理的途径、方法也是多种多样、不断发展变化的。

1.加强学校民主建设

学校民主建设的本质是把广大教师、学生真正看作学校的主人和学习的主体。学校提倡科学、崇尚民主，为师生创造参与管理的机会，让他们在工作和学习中感到自己是社会的主人、是学校的主人。只有这样，学校才能有凝聚力，才能形成良好的学风、校风。如果学校仍然把学生作为纯粹的管理对象，采取命令式管理，就会压制学生的能动性，结果只会引起学生的不满。事实证明，良好的学风、校风的形成，不是靠行政管理的强制力量，而是靠群体的力量，靠群体规范和舆论的无形力量。因此，民主建设是学校培养人才的前提和保证，制度管理是加强高等学校民主建设、创造良好校园环境的保障。

学生参与学校管理，会产生归属感和主人翁意识。参与管理也是调动学生积极性、培养学生能力的重要途径。人是管理的核心，提高人的思想、道德、知识素质，是完善学校民主管理的首要条件。学校要加强思想政治教学，充分发挥党团组织的作用，发挥管理者、教师的作用，鼓励学生参加教育改革，激励学生自爱、自强。

2. 建设好学生组织

学生组织主要是指校、系、班级的学生会或班委会组织和其他社团组织。这些组织是学生进行自我教育、自我服务、自我管理的主要形式，也是学校做好学生管理工作的重要途径。

加强学生组织建设，要选好、用好学生干部。学生干部来自学生，他们既是受教育者和被管理者，也是学校管理干部的助手，还是学生活动的直接组织者和学生基层组织的管理者。要建设一个良好的集体，必须有一批优秀的学生干部，选好、用好学生干部对做好学生管理工作至关重要。

加强学生组织建设，要发挥学生组织的教育、管理功能。学生组织是学校系统中的一个子系统，加强学生组织建设，目的就是发挥其作用。在教育方面，学生组织可以通过组织学生学习理论知识、时事政治、业务知识，通过举办演讲会、座谈会、报告会，组织学生参观、访问、调查和参加劳动等活动，帮助学生共同探讨理想与现实、自由与纪律、民主与集中、权利与义务、学习与工作、事业与爱情、个人与集体等方面的关系，在学生中形成追求进步、关心集体的舆论，形成刻苦学习、勇于进取的良好学风，营造遵守法律、讲究道德的氛围。在管理方面，学生组织要依靠管理制度，配合教师和学校的管理干部，做好组织协调工作，增强管理效能。在服务方面，学生组织既要为学生服务，也要为学校服务。

加强学生组织建设，要改进管理方法。方法是完成任务、实现目标必不可少的手段，要实现管理目标，如果没有良好的方法，必然事倍功半；反之，管理方法得当，就会事半功倍。可见，采取好的管理方法，是提高效率的有效途径。学生组织的自我管理也不例外。一般来说，制度管理法、榜样示范法、正面激励法、民主管理法等都是学生组织自我管理常用的管理方法。

3. 组织好社会实践活动

组织好社会实践活动，要做好教学过程中实践环节的自我管理。高职院校学生的根本任务是学习，并通过学习提高自己的智力和能力，而教学过程中的实践环节正是学校为了使学生把学到的知识运用于实践而安排的。学生只有扎实地掌握本专业的基础知识、基本理论和基本技能，才能在实践环节灵活地运用。所以，做好教学过程中实践环节的自我管理是学生自我管理的首要任务。在实践环节中，每个学生都根据自己专业的特点和实践的要求，自觉地参加实验、实习、考察和劳动等，并做到勤学习、勤动手、勤思考、勤总结，努力提高自己运用知识的能力。

组织好社会实践活动，要做好校内外实践活动的自我管理。校内外的实践活动是教学环节的拓展和延伸，也是充分发展学生爱好、特点和长处的途径。学生做好校内外实践活动的自我管理有四点：第一，根据自己的爱好和特长，组织或参加学校的社团活动，培养自己的责任感；第二，积极组织并参加学校开展的各种竞赛活动，在活动中培养自己的参与意识、竞争意识和集体意识，锻炼自己的组织能力和社交能力；第三，充分利用假期，开展社会调查和各种形式的社会服务，在参与中了解社会、坚定信念，促进自己全面发展；第四，完善管理制度和管理措施，避免松散管理和多重管理等现象。

二、高职院校学生民主管理

（一）高职院校学生民主管理概述

1. 高职院校学生民主管理的概念

高职院校学生民主管理是指充分调动并发挥高职院校学生内在的积极因素和自主精神，在学校行政管理人员的领导下，组织学生参与管理，达到培养德、智、体、美、劳全面发展的"四有"人才的目的。

高职院校学生民主管理是高等学校学生管理系统中的子系统，是学生管理的一种形式，它的基本作用和形式是参与和监督。

2. 高职院校学生参与民主管理的意义

高职院校学生参与民主管理，可以构建学校领导和学生之间有效的信息渠道，增进学校领导和学生之间的联系，有利于建立良好的师生关系；有利于学校领导及时了解学生的情况；有利于培养一批有领导才干、有管理能力、有献身精神的积极分子，这对党的建设和社会主义事业有着重要的意义。

（二）民主管理的组织形式

1. 学生民主管理的组织

班级组织和团支部组织是学校实行民主管理的最重要的基本组织，调动这些组织开展学生民主管理的积极性，完善民主管理制度，对建设良好的校园秩序具有特别重要的意义。

2. 学生介入学校管理系统参与学生管理的形式

学生介入学校管理系统参与学生管理是通过学生代表参加有关学生管理会议，反映学生的意见、要求等形式来实现的。例如，有的高职院校聘请学生代表担任行政领导干部的助理，就属于这一种形式。

3. 专业性的学生民主管理组织

专业性的学生民主管理组织，如学生宿舍管理委员会、伙食管理委员会、卫生管理委员会、治安保卫管理委员会、纪律管理委员会等，这些组织通过学生自己处理或协助学校处理问题，维持校园秩序。这些组织在行政管理部门的领导、协助和支持下开展工作，但不能自行制定和学校的规章制度相抵触的管理制度。

（三）民主管理的原则

高职院校学生参与民主管理必须遵循以下几项原则：

1. 自主和尊重的原则

民主管理要调动学生的积极性，就要充分发挥学生的自主精神，减少其依赖性。要充分相信并支持学生做出符合原则的决定，如果学生犯了错，也要尽可能启发学生自己去纠正，避免伤害他们的自尊心。管理者的责任是加强领导并及时给予指导，尽量不要代替学生做出决定，要尽可能让学生站在管理的前沿。

2.启发的原则

有些事情，在管理者看来非常简单，学生可能会争论不休，这是由于学生缺乏实践经验。管理人员只能给予适当的启发，尽可能由学生自己去下结论，不要轻易代替学生做出选择或直接下结论。

3.充分讨论的原则

充分讨论的原则是指所有相关人员都有机会表达自己的观点和意见，并通过充分的交流和讨论，形成共识或做出决策。

4.民主程序的原则

实行民主管理一定要遵循民主管理的程序，只有严格遵守民主程序，才能在实践中提高学生民主管理的积极性。

三、高职院校学生社团活动的管理

学生社团是经学校批准，由本校学生在自愿的基础上组织起来的群众性团体。近年来，各大高校学生社团组织发展迅速，社团活动已经成为学生课外活动的重要形式之一。

加强对学生社团活动的管理，是学生自我管理和民主管理的一项重要任务。

（一）高职院校学生社团的类型和作用

1.高职院校学生社团的类型

目前，高职院校学生社团组织按其活动性质，可以划分为兴趣型社团（根据兴趣爱好自愿结成的团体，如桥牌协会、文学社、书法社等），学术型社团（以专业学习、研究和交流为目的组成的团体，如经济管理协会、科学技术协会等），服务型社团（以科技、文化服务和劳务服务为主要内容的团体，如各种科技、文化中心）三大类。此外，还有在学校的直接指导下开展活动的文化型社团（如文艺社团、乐团等）和新闻型社团（如学生通讯社、记者站等）。

2. 高职院校学生社团的作用

学生社团组织是学生进行自我管理、自我教育的重要形式之一。无论哪种类型的社团组织，对学生的自我管理和自我教育都具有重要作用。社团可以把有共同兴趣爱好的学生组织起来，通过开展活动，丰富他们的课余生活，开阔他们的知识视野，增进同学间的友谊，增强他们的集体观念和协作精神，提高他们的实际工作能力。不同的社团组织可以吸引不同兴趣的学生，调动各个层次学生的学习积极性，促进他们全面发展。

此外，不同类型的社团组织还可以发挥不同的作用。例如，学术型社团组织可以培养学生的学习积极性、主动性和钻研精神；兴趣型社团活动可以丰富学生的课余文化生活，陶冶学生的情操，提高学生的文明修养水平；服务型社团活动有助于学生加深对国情民情的了解，增强学生的社会责任感和历史使命感；文化型社团和新闻型社团专业性强，能对学生进行专业训练。如果管理不好，有的学生社团就可能被某些不良组织利用，对学生的健康成长产生负面作用。也就是说，加强对学生社团活动的引导和管理，是很有必要的。

（二）学生社团的活动和管理

1. 学生社团活动的基本原则

（1）学生社团必须服从学校领导和管理，社团活动要遵纪守法

学校有关部门和学生社团的主管部门代表学校归口管理学生社团，并对学生社团实行政治领导。学生社团要主动争取并自觉接受领导和管理，要防止出现游离于学校领导和管理之外的学生社团组织和社团活动。

学生社团活动要符合我国宪法、法律和校规校纪的规定，要在学生完成学习任务的前提下进行。学生社团组织还要发挥自我管理和自我教育的作用，教育和帮助社团成员认真遵守宪法、法律和校规校纪；学生社团活动要符合本社团宗旨。学生社团要认真按照确定的宗旨开展活动，不得开展与本社团宗旨无关的活动。

（2）学生社团邀请校外人员到学校开展学术活动，须经学校同意

学生社团邀请有关专家、学者和知名人士到学校开展演讲、座谈和社会政治活动，对提高社团成员的水平、丰富社团活动内容都有积极意义。但是，为了加强管理，学生社团组织或个人不得随意邀请校外人员来校从事有关活动。

学生社团组织或个人邀请校外人员（包括外籍人员）到校举办学术讲座、发表演说、开展座谈和讨论等活动，须经学校批准。组织者应在三天前向学校有关部门提出申请，说明活动的内容、报告人和活动负责人姓名，学校有关部门应当在拟举行活动的四小时前将许可或者不许可的决定通知组织者。讲座、报告等社会政治活动和学术活动，不得反对我国宪法确立的根本制度，不得干扰学校的教学、科研和生活秩序等。对于违反上述规定的活动组织者，要根据校纪，酌情予以处理，对于正在进行的这类活动，学校有关部门可以责令立即停止进行。

2. 学生社团活动的管理

学生社团种类繁多，既有一般娱乐性的，又有学术性的和政治性的。学生社团活动能吸引众多学生，涉及面比较广，形式多种多样。这就加大了学生社团管理的难度，同时也对学生社团管理提出了更高的要求。

首先，学校要加强对学生社团管理工作的领导。社团管理是一项政策性较强的工作。学校应当根据本校学生社团的现状和发展趋势，根据学生社团的类型，分别确定相应的归口管理部门，配备或指定一定数量的管理人员具体负责学生社团组织、社团讲座和社团报刊的审查、批准和管理等事宜。不仅如此，学校党政领导还要亲自主持研究和制定有关学生社团管理的重要政策和措施，亲自处理某些涉及面广、影响较大的社团组织或个人发生的问题。

其次，学校要加强对社团发展方向的引导。学校要帮助学生社团把握正确的发展方向，特别是教育和引导各个社团坚持正确的政治方向。一般地说，对于学术型和专业性较强的学生社团，学校可以选派相关的教师或管理人员进行业务辅导，同时也进行政治方向的引导。对于政治性较强的政治性社团，应予特别重视和关心，要选派政治坚定、有较高政治理论水平的领导干部和教师担任这类社团的指导教师，切实保证其政治方向、活动内容和活动形式等不发生偏差。

最后，学校要加强对社团负责人的培养和教育。社团负责人是学生中的骨干，他们的政治思想和品德素质直接关系到社团组织的健康发展。因此，要把社团负责人真正作为学生积极分子队伍的一员，组织他们参加业余党校、团校和党章学习小组等举办的学习活动，引导和帮助他们认真学习马克思主义理论，提升政治觉悟和思想理论水平，提高组织能力。还要经常与他们谈心，了解社团活动情况，帮助解决社团活动中出现的问题，引导社团健康发展。

第二章 高职院校学生管理的过程控制

过程控制是指在工业生产、管理、科学研究等领域中，通过对一个过程的监测、分析和调整，以达到预期的结果或目标的管理方法。它涉及对各个环节进行监测和控制，以确保整个过程按照既定的目标进行。

第一节 高职院校学生管理的前馈控制

一、前馈控制的概念

前馈控制即观察那些作用于系统的各种可以测量的输入量和主要扰动量，分析它们对系统输出的影响关系，在这些可测量的输入量和主要扰动量产生不利影响之前，及时采取纠正措施来消除它们的不利影响。前馈控制在行动之前实施，其特点是将注意力放在行动的输入端上，使得一开始就能将问题的隐患消除掉。

在管理过程理论中，前馈控制指的是管理者能够对即将出现的管理偏差有所觉察，并提前做好准备，提出某些措施，以防止偏差的发生。前馈控制的核心在于预防，而不是在问题出现后再进行补救。

在实践中，前馈控制采用得较多的方式，是利用事先拥有的信息资料，根据管理工作的要求，对得到的信息资料进行认真分析、反复论证，将通过分析论证得到的预测结果与计划要达到的目标相比较，制定措施，调整、修改实施计划，以保证达到管理目标。例如，在企业管理控制活动中，前馈控制的内容包括对人力资源、原材料、资金等的控制。人力资源必须适应任务要求，有能力完成上面指派的任务，并控制机构臃肿、人浮于事的现象，利用统计抽样来控制原料质量，根据抽样不合格率决定是接受还是退货，根据库存理论来控制库存储备量等。

在学生管理过程中，做好学生管理的前馈控制，对学生管理后期有较大的影响。在学生入学的时候就对其进行行为规范、思想意识、学习态度等方面的教育，这样能提升学生管理的效果。

参与高职院校学生管理的过程控制的，不仅有学校管理方，还有学生、学生家庭、社会教育等。特别是过程控制中的主要对象——高职院校的学生，其入学年龄、生活经历、家庭背景、心理因素等方面的复杂性和多元性，使得管理方——高职院校学生管理部门，在设定前期控制量时不得不具体，以便于管理工作的顺利开展。

二、前馈控制的特点

① 及时性：前馈控制能够在偏差出现之前采取措施，防患于未然。

② 非对抗性：前馈控制不针对具体人员，而以流程和系统为目标，减少面对面的冲突，提高接受度。

③ 需要及时、准确的信息：前馈控制需要实时采集和分析相关信息，以准确判断潜在偏差。

④ 要求管理者具有一定的专业知识：管理者需要充分了解前馈控制因素与工作计划的关系，这样才能有效实施前馈控制。

⑤ 受外部因素影响：前馈控制容易受到过程中相关因素的干扰，影响其准确性和有效性。

三、高职院校学生管理前馈控制应注意的事项

在高职院校学生管理的前馈控制中，需要做好以下几点：

第一，学生管理部门要对即将实施的计划和高职院校学生的特点进行透彻、仔细的分析，做好前期工作准备。

第二，构建前期学生管理模式。学生管理具有一定的规律性，学生管理部门可以构建一套常规管理模式，按照常规管理模式开展工作，遇到特殊情况再进行调整，以保证学生管理工作有章可循。

第三，注意保持前期学生管理模式的可调节性，即构建模式时，要留有一定的调整余地或者是调整空间，以便发生变化时，能及时调整。

第四，定期对学生管理中产生的各项数据进行收集整理，对照前期的学生管理模式，评价其对最终结果的影响，找到出现偏差的原因，提出修正措施，保证学生管理工作的顺利开展。

第二节　高职院校学生管理的同期控制

一、同期控制的概念

同期控制也称为现场控制、实时控制、同步控制和事中控制，是指在管理活动正在进行的过程中所实施的控制。这种控制方式通过对计划执行过程的直接检查和监督，随时纠正偏差，确保活动按照规定的政策、程序和方法进行。

同期控制主要针对行动过程，避免偏差发生，一旦发生偏差，管理组织要第一时间予以纠正。同期控制管理的目的就是要保证管理活动在推进过程中不发生偏差或者尽可能少地发生偏差，不断地改进本次管理活动的质量，而非下一次活动的质量。

高职院校学生管理的同期控制，主要是指在教育教学过程中采取一些方式方法，有序推进学生管理工作，如在某个学期，在一定时间、一定区域内实行"封闭式"管理。这种定时、定区域的"封闭式"管理对高职院校学生管理是有帮助的。

二、同期控制的特点

同期控制具有以下特点:

(一)同期控制的标准化程序

由于同期控制是经常性、重复出现的管理活动,管理者要按规定的标准化程序来完成控制工作。同期控制要求所有的管理活动都要建立切实可行的工作流程和程序。例如,贫困学生资助工作,要按照贫困学生资助流程和程序,开展报名、审批、资助等活动。在流程和程序推进过程中若出现特殊情况,如学生不满足贫困学生资助政策的要求,可以采取其他路径和方法进行解决。这样,按照贫困学生资助的工作流程,每道工序的最终点为程序控制点,每道工序的终点管理者为管理工作的质量控制者,对不符合政策规定的贫困学生,有责任、有权利提出相应的措施和办法,使每个贫困学生在资助工作过程中都受到监控。

(二)同期控制的高工作效率

由于同期控制都是按照工作流程和程序推进管理活动和管理工作的,只要不出现特殊情况以及不符合管理设定的要求,管理流程和过程都会很顺畅地推进,因此同期控制具有高效率的特点。要保证同期控制的高工作效率,就要避免管理活动中的无章可循、相互推诿、职责不清,这样才有利于推进管理工作和提高工作效率。

（三）同期控制的直接监督

在同期控制过程中，管理者直接参与监督管理工作和推进管理活动。这样做的优势在于：一方面，管理者可以直接指导管理工作的开展，培养管理主体的能力，也有机会当面解释管理工作中的要领和技巧，纠正管理工作中错误的作业方法；另一方面，可以保证管理工作计划的执行和计划目标的实现。通过同期控制监督，管理者可以随时发现管理活动中偏离计划的现象，可纠正偏离，把同期管理过程中出现的问题消灭在萌芽状态，或者避免已经产生的对管理工作或计划实施不利的因素和问题的扩散。

在同期控制过程中，要注意以下几点：第一，要避免临时确定或由个人主观确定新标准，否则管理工作和活动将无法进行统一测量和评价。第二，指导和控制的内容应该和被控制对象的工作特点相适应。第三，控制效果还与指导者或控制者的个人素质密切相关。

三、高职院校学生管理同期控制应注意的事项

高职院校学生管理的同期控制的关键，在于督促实施过程有条不紊地按计划推进和落实，这个过程需要学校学生管理部门工作人员联系学院学生管理部门工作人员和班级班主任、辅导员，通过深入各班级、各年级进行监督检查、指导和控制来实现，主要做好以下几点：

第一，在学生管理同期控制过程中，上级学生管理部门要承担起监督职责、工作指导的职责，实时到下级学生管理部门督促工作，及时纠偏，保证学校学生管理工作的整体推进。

第二，上级学生管理部门要监督各班级、各年级负责人的工作，以保证目标的实现。监督工作与同期控制工作要同步进行。

第三，发现各班级、各学院出现不符合管理标准的现象、发生偏差时，要及时采取措施，将问题消灭在萌芽状态。在监督过程中，对不符合流程标准、工作计划要求的，要及时纠正，同时要采取有效的措施、办法进行弥补，保证学生管理工作按要求推进。

第三节　高职院校学生管理的反馈控制

一、反馈控制的概念

反馈控制是指对结果的控制。反馈控制就是根据最终结果产生的偏差来指导将来的行动。反馈控制的基本过程为：以预期业绩为标准—衡量实际业绩—将实际业绩与标准相比较—确定偏差—分析出现偏差的原因—确定纠正方案—落实纠正措施。可见，反馈控制是保证计划不出偏差、保证计划得以顺利实施的必要环节，在管理系统中有着极其重要的作用。反馈信息是管理者对客观实际情况变化（结果）做出正确反应的重要依据。管理成功与否，关键在于是否有灵敏、准确、迅速的反馈。

反馈控制，也被称为成果控制或事后控制，是指在一个时期的生产经营活动结束以后，对本期的资源利用状况及其结果进行总结。反馈控制是历史最久的控制类型，也是最常用的控制类型。这种控制位于活动过程的终点，把好这最后一关才能使错误的势态不扩大，有助于保证系统外部处于正常状态。这种控制是在管理活动过程结束以后进行的，换句话说，控制作用发生在行动之后。因此，反馈控制的主要缺点在于：管理者获得信息时，损失已经发生了。反馈控制的主要作用是总结过去的经验和教训，为未来计划的制订和活动的安排提供依据。在许多情况下，反馈控制是唯一可用的控制手段。

高职院校学生管理主要采取一些检查形式进行反馈控制，如学校学生管理部门定期检查班级、学生会定期检查宿舍卫生等。定期检查班级情况对班级管理有促进作用，学生会定期检查宿舍卫生情况，能促使学生养成良好的卫生习惯。这类定期检查是学生管理部门进行反馈控制的重要方法，由学校学生管理部门负责落实。

二、反馈控制的特点

第一，反馈控制的核心在于对已经发生的结果进行评价和分析。这一特点使得它能够有效地总结管理工作的规律和经验，为未来制定管理决策提供参考和依据。通过收集和分析反馈信息，管理者可以清晰地了解管理活动的实际效果与预期目标之间的偏差，从而改进和优化管理工作。

第二，反馈控制强调信息的闭环，它通过不断的信息反馈，促使管理工作形成良性循环，提高管理工作的效率。这种机制使得管理者能够及时发现问题并纠正，从而减少偏差的累积，确保实现管理目标。

第三，反馈控制的事后性质也决定了它在时间上的滞后性。由于反馈控制是在结果产生之后进行的，因此当管理者发现偏差时，其可能已经造成了一定的影响或损失。这种滞后性要求管理者在实施反馈控制时必须迅速响应，及时采取有效的纠偏措施，以减少偏差带来的负面影响。

第四，反馈控制的效果在很大程度上依赖于准确、及时的反馈信息。因此，建立有效的信息收集和处理系统对提升反馈控制的效果至关重要。同时，管理者需要具备敏锐的洞察力和判断力，能够从反馈信息中准确识别问题，制定合适的应对策略。

三、高职院校学生管理反馈控制

（一）定期检查是落实计划的有效手段和有效方法

学校的定期检查对落实前期制订的学生管理计划是有积极的促进作用的，通过定期检查，能看到计划的执行情况，从而达到学生管理的目的。

（二）定期检查、定期纠偏和定期调整，能有效促进计划目标的实现

定期检查、定期纠偏和定期调整能有效促进计划目标的实现。以学生宿舍的卫生检查工作为例，学生管理部门对学生宿舍卫生进行定期检查，能纠正学生宿舍卫生管理工作中存在的问题，如部分学生不整理床铺、部分学生不打扫宿舍卫生、部分学生在宿舍乱丢垃圾等不良卫生习惯。

第四节 高职院校学生管理部门控制

一、高职院校学生管理部门

学生管理部门是高职院校负责学生管理工作的主要部门，主要由学校学生工作部、学生处、校团委、学院学生科、团总支等组成。学生管理部门工作的工作力度、工作内容等都会对学生管理产生影响。

二、高职院校的学生特点

高职院校学生在学生来源、职业理想、自我认识、学习能力、人际关系、个性发展、心理健康、课堂表现等方面都与普通高校学生有很大的差异，只有充分认识高职院校学生的特点，才能做好高职院校的学生管理工作。同时，高职院校学生作为我国大学生群体的组成部分，同样具有普通高校学生的一些特点，如思维比较活跃、好奇心强，对新知识、新技术有浓厚的兴趣，积极参与各项活动，兴趣广泛，个性张扬等。但部分学生在思想、学习、生活、心理等方面仍存在一些突出问题，主要表现为以下方面：

第一，学生构成复杂，对高职教育认识不清，存在自卑心理。我国高等职业教育的根本任务是培养适应地方经济和社会发展的高素质应用型人才，高职院校的学生主要来源于应届高中毕业生和"三校生"。一方面，应届高中生在进入高职院校后，会发现高职院校的现实状况与其所期望的大学生活之间有差距，特别是高职院校在教学资源、基础设施等方面与普通高校相比存在一定差距，他们会产生一定的失落感和自卑心理。同时，对高等职业教育的认识不清也使他们缺乏学习目标和动力。另一方面，面对愈来愈激烈的就业竞争，有些学生认为高职院校学历低、就业难度大、就业环境差，对前途失去信心，从而产生自卑心理。

第二，学习目标不明确，动力不足。部分学生在进入大学后没有学习目标和学习动力，对专业学习应付了事，甚至经常迟到和旷课。小部分学生对所学专业缺乏系统了解，在学习中感到无所适从，认为前途渺茫，只想拿张文凭，没有进取心。通过调查发现，学习目标不明确、学习动力不足已经成为高职院校学生，特别是新生群体中一个比较突出的问题。

第三，文化基础水平参差不齐，学习困难较多。高职院校学生中的大部分是从职业技校升学入校的，他们基础薄弱，少部分学生因为家庭经济困难希望尽早就业。因此，他们的学习自觉性不够，文化水平差，对考试的态度是"六十分万岁"。部分通过高考进入高职院校学习的学生，他们学习刻苦认真，渴望通过专升本的形式进一步学习。高职院校学生文化基础和水平参差不齐，学习目标不一致，接受能力差异较大。同时，部分学生反映上课听不懂，存在跟不上授课进度的现象。

第四，集体观念淡薄，生活自理能力较差。目前在校的高职院校学生大多是 05 后，且独生子女较多，优越的生活环境和社会环境使部分学生养成骄纵、任性、自私的性格。这些学生集体观念淡薄，生活自理能力较差，缺乏对其他事物的兴趣和了解，极其注重自我感受和个人好恶，个性张扬，不顾集体利益，不考虑他人感受。

三、高职院校学生管理部门的控制

高职院校的学生管理部门应起到积极的管理控制作用，主要体现在：维护学生管理部门的权威，在校规校纪要求的工作职责范围内开展工作；学生管理部门应注意自己的管理方式和方法；学生管理部门应积极研究和探讨学生管理的实践性技巧。

（一）树立管理就是服务的工作观念

高职院校学生工作的目的就是教育、管理并服务于广大学生，为国家培养高素质的技能人才，因此，学生工作必须从绝大多数学生的需要和利益出发，以素质教育为核心，全面了解学生、关心学生，帮助他们树立正确的世界观、人生观和价值观，以学生为中心，调动学生的积极性、主动性、创造性，促进学生的全面发展，努力为学生的需要创造各种条件和机会。

（二）建立完善的学生管理制度

高职院校传统的学生管理制度相对死板，并带有浓厚的强制性色彩，充斥着"不准""严禁"等带有命令色彩和禁止意味的用语，对学生不能做什么的规定较多，很少考虑学生的权益。在管理制度的执行程序上，存在一定混乱，程序的规范性有待进一步提高。而依法治校、依法对学生进行教育和管理是职业教育的任务，高职院校应根据本校的实际情况制定适合学校学生管理要求的、行之有效的各项规章制度，在使学生管理工作有章可循、有法可依的同时，充分考虑学生的合法权益，并对其合法权益予以维护。

（三）充分考虑学生的心理需求

心理健康教育属于素质教育，心理素质作为人的一种内在素质，是其他各项素质发展的心理前提与心理基础。然而，在我国的教育中，心理教育长期被忽视。高职院校要培养合格的综合素质人才，就应该将心理健康教育与学生管理工作紧密结合起来，充分发挥心理健康教育对学生管理工作的促进作用，使心理健康教育系统化、规范化、科学化，从而不断丰富学生的心理学基本知识和心理卫生常识。与此同时，可以通过校刊、校广播站、校园网等载体，大力普及心理健康知识，使学生学会自我心理调适，消除心理困惑，提高承受和应对挫折的能力。

（四）加强学生管理的师资队伍建设

办好一所高职院校，关键在于建设一支高水平的师资队伍。师资队伍中不仅包括教学、科研人才，还包括高素质的学生管理人才，优秀的学生管理者对促进学校的发展具有非常重要的作用。高职院校要把学生培养成具有高度社会责任感、热爱祖国和人民、有奉献精神的人才，必须有专业化的学生管理师资队伍。新形势下，只有把学生管理工作放到一个十分重要的位置，才能真正促进学生管理工作专业化、科学化、制度化、人性化，从而实现培养高综合素质人才的目标。

（五）充分发挥学生主体能动性

学校应积极创设各种条件，让学生参与学校的一些管理工作，变被动管理为自我管理。让学生积极参与学生管理工作，改变学生在学生管理工作中从属和被动的地位，不单纯把学生看作教育管理的客体，有利于消除学生对被管理的逆反心理，实现学生自我管理。应坚持"开门"教育，组织学生走出去，下基层、下工厂、下农村，开展社会实践活动。学生通过实践活动，不仅能树立"奉献自己、服务社会"的理念，还能大大提升自我约束、自我管制的能力。

（六）帮助学生树立正确的就业观并进行就业指导

高职院校的学生管理部门应该对学生的就业问题进行指导。第一，应教育学生树立正确的就业观，排除错误职业理想的干扰，树立正确的世界观、人生观、价值观，把个人愿望和社会需求结合起来，选择能发挥自己的特长和能力、有利于社会发展的职业。第二，要结合学生的情况，及时做好就业指导工作。对学生进行就业指导，除了要贯彻就业指导的基本原则，还要公平地对待每一位学生，努力提升就业指导的业务水平，制订切实可行的职业指导计划，协调各方面的力量，共同做好职业指导工作。

职业教育同样是我国高等教育的重要组成部分，高职院校的学生管理工作任重而道远，高职院校要与时俱进、更新观念，不断调整策略和工作方法，不断适应工作的新要求，推动职业教育的顺利发展，使高职院校的学生更好、更全面地发展，为国家培养更多的人才。

第三章　高职院校学生管理机构与队伍建设

第一节　高职院校学生管理机构的设置

一、设置高职院校学生管理机构应遵循的原则

一般来说，设置高职院校学生管理机构应遵循以下几个原则：

（一）系统整体的原则

高职院校学生管理工作是学校这个大系统中一个重要的支系统，这个系统的管理目标与学校的培养目标是一致的，即维护高职院校正常的教学、工作和生活秩序，保障学生身心健康，促进学生德、智、体、美、劳全面发展。具体地说，就是要对学生的思想品德、专业学习、体育锻炼、劳动实践、课余活动、行为组织、生活起居以及分配就业等问题进行全面管理。学生管理系统是个多因素、多层次、多系列、多功能的结构群体，这个结构群体中的各要素、各系统、各层次之间存在必然的内在联系，

要素和结构整体是不可分离的。因此，在整个学生管理系统组织结构中设置任何一个部门、任何一个管理层次、任何一个管理序列，都必须注意它们之间的功能联系及其与整体管理效能的关系。否则，必然导致整个系统管理作用的削弱和管理功能的紊乱。因此，设置学生管理机构必须遵循系统整体原则，深入分析、了解各学生管理机构和它们的构成因素在整个学生管理工作中的地位和作用，以及它们之间存在的相互依存、相互制约、相互促进的关系，寻求学生管理机构的最佳组合，将各级、各类、各环节的学生管理活动协调于学生管理系统的整体行为之中，不断推进高职院校学生管理向最佳状态发展。

（二）职、责、权相一致的原则

机构设置与人员配备坚持职、责、权一致的原则，是发挥部门职能作用和使其协调一致的关键。职是指职务、职能；责是指责任；权是指依据职能、任务赋予的权力。职责应有明文规定，并与权相一致。

这一原则要求每个职位或职务必须明确其职责范围，并授予相应的权力，同时承担相应的责任。具体如下：每个职位或职务必须明确其职责范围，确保每个工作人员都清楚自己的工作内容和目标，使每个工作人员都能各司其职、各尽其责、各善其事；在明确职务的基础上，必须授予相应的权力，确保行政人员能够有效地履行职责；每个职位或职务必须承担相应的责任，对行使权力的后果负责，包括政治的、法律的、行政的和道德的责任。要明确考核制度，改变过去职责不清、赏罚不明的现象，形成一个有效的、有秩序的学生管理新格局。

这里要注意的一点是，职责过分具体化、工作人员任务过于具体，也会限制他们主观能动性的发挥，甚至在发生突发事件时，丧失有效管理的可能性。

（三）集中管理与民主管理相结合的原则

集中管理与民主管理可以说是学生管理两个不可分离的组成部分，它们互为前提。只有高度集中，学生管理工作才能有高效益；只有充分发扬民主，才能保证管理过程的高度集中。

（四）因校制宜的原则

在不同的学校，由于其所处地域环境，学校自身的历史发展，以及学校的类别、任务、规模、条件、学生来源、领导风格、管理人员素质及校风、学风等各种因素存在差异，学生管理机构的设置方式可能不同，也会产生不同的管理效果。即使是在同一学校、同一机构内，管理者的素质及工作作风不同，也会产生不同的管理效果。因此，各校要因地制宜、因校制宜，从实际出发，实事求是，根据实际工作需要，设置学生管理机构。各校要结合本校特点，不断总结经验，不断探索，逐步摸索出适合本校并能获得最佳管理效果的学生管理机构设置方案。

二、高职院校学生管理机构的形式与设置

高职院校学生管理机构的形式从理论上可归纳为"直线型""职能型""直线—参谋型""直线附属型""矩阵型组织结构"等。目前，多数学校采用的是"直线—参谋型"或"矩阵结构"形式。

"直线—参谋型"的结构形式是把学生管理人员分为两类：一类是直线指挥人员，如校、系负责人，他们拥有指挥和命令较低层次的学生管理部门的权力，并对该组织的工作负全部责任；另一类是职能管理人员，他们是直线指挥人员的参谋，作为直线领导的参谋和助手，他们只能对下一级管理机构进行业务指导，而不能直接指挥和命令他们。

"直线—参谋型"的最大优点是它的上下级关系很清楚。这种结构形式中的职能机构按照一定的职能分工，分别负责学生思想、教学、行政、生活等方面的管理任务。职能机构通过各自分管的学生管理任务，对有关管理工作进行业务指导。

具体说来，职能机构承担以下职责：向领导提供有关情况和报告，提出建议和方案，供领导决策时参考；监督下级机构对上级领导的指示、命令和有关计划的执行，检查执行情况；协助各级领导，完成有关学生管理的任务，为下级管理机构创造完成任务的条件，在业务上指导和帮助下级组织。

"直线—参谋型"结构形式能始终保持集中统一指挥和管理，避免

了多头指挥和无人负责的现象。当学生管理方面出现问题时，就可以一级一级地找原因，直到解决问题；同时，各级领导人员有相应的职能机构做参谋，可以充分发挥其在职能管理方面的作用。但是，事物之间除了纵向联系，还存在横向联系，"直线—参谋型"的结构形式在实际运用过程中也会产生矛盾。

由于该结构系统的客观原因，一系列组成单位不得不分散管理职能。虽然它们都按照学校的统一计划、统一部署开展工作，但由于分管不同业务，观察和处理问题的方法、角度各有侧重，彼此间往往会产生矛盾。在这种情况下，矩阵型组织结构能有效地协调各方面的职能，缓解各方矛盾。

矩阵型组织结构把按职能划分的部门和按产品（或项目、服务等）划分的部门结合起来，组成一个矩阵，使同一个员工既同原职能部门保持组织与业务的联系，又参加产品或项目小组的工作，即在"直线—参谋型"结构形式的基础上，再增加一种横向的领导关系。矩阵型组织结构能有效地促进管理目标的实现。例如，为了加强对学生的思想政治教育及对学生的全面管理，学校开展评先奖优活动，在党委和校长的领导下成立的学生工作委员会、奖学金评定委员会、毕业生分配委员会、群众体育运动委员会等，都是按照专项分工，把各职能部门工作从横向联系起来，形成的矩阵型组织结构。

矩阵型组织结构的特点是：纵向的是"直线—参谋型"组织形式，按层次下达任务，各有关职能部门按其职责范围执行学校的学生工作计划；横向则是从职能部门抽人组成的，按其专项任务分工形成的组织形式。这些组织中的人同时接受职能部门的主管和专项主管的双重指挥。

在具体机构设置方面，我国各所大学的学生管理机构设置多种多样。传统的机构设置方式是党委、行政并行发展。有的学校在党委的领导下设立学生工作部，作为党委管理学生工作的职能部门，负责全校的学生管理工作。但由于学生工作部是党委分管思想教育的职能部门，不具备行政管理功能，因此招生、学籍管理、毕业分配等具体的学生管理工作仍由行政系统的教务处、人事处等负责。

有的学校则设立学生工作处，作为分管校长下属的从事学生管理工作的职能机构，把学生从入校到毕业全过程的管理工作统一起来。但在目前我国高职院校实行的校长分工负责制体制下，学生工作处也未能解决思想政治教育与管理工作脱节的问题，有时还会以管理代替教育，削弱学生的思想管理工作。因此，有的学校直接采取学生工作部与学生处并存甚至合二为一的机构设置方式。从整体来说，这样的机构设置，学生工作高度集中，思想教育与学生管理融为一体，工作效率比较高。但是，这种机构设置也存在某些不合理因素，而且作为一个职能部门，试图把分散、多头的学生管理工作统一起来，在客观上是较难做到的。

第二节 高职院校学生管理工作队伍的建设

一、高职院校学生管理工作队伍组织建设

目前，我国高职院校中主要由年级辅导员和班主任直接负责学生管理工作。年级辅导员大都由青年教师或少量高年级学生、研究生来担任，其中包括一部分专职负责思想政治工作的青年干部，班主任则全部由教师担任。另外，在校、系两级还分别有一部分干部专职负责学生的学籍管理、行政人事管理和思想管理工作，他们分别在学生管理机构中担任一定的职务或作为具体的工作人员。

从整体上看，负责学生管理工作的这支队伍，熟悉业务、熟悉学校环境、熟悉学生管理工作的规律，熟悉学生生理、心理等方面的特点，而且有干劲、有热情，能积极开展学生管理工作，不断促进学校管理工作向科学化、规范化、现代化的方向发展。但是，从目前实际的学生管理情况和新时期国家对学生管理工作的要求来看，这支队伍仍明显不适应需要。

负责高职院校的学生管理工作的，除了专职的学生管理工作者，还包括广大的专业课教师以及学校行政、教辅人员。因为"教书"以及学

校的其他管理工作都在起着"育人"的作用，都对学生思想品德、言行起某种规范、导向作用，这是不以人的主观意志为转移的客观规律。但由于各种原因，经常、自觉地进行学生管理工作的高职院校专业课教师还是少数，大部分人将管理、教育工作推给了学生管理干部。

加强专职学生管理工作队伍的建设，并不是简单地追求学生管理工作者数量的增加。正确的做法应该是在保证一定数量的基础上，使学生管理干部向专家化方向发展。因此，要改正过去那种认为学生管理干部只负责带领学生劳动、打扫卫生的错误思想，要纠正把学生管理干部当成"万金油"人员的错误想法，有必要对高职院校现有的专职学生管理工作队伍进行适当的调整，对一些政治上、思想上不合格以及部分能力偏低、难以胜任工作的人员，另行安排工作，将那些有事业心、有组织能力，政治觉悟高、业务水平高的同志安排到学生管理工作岗位上来。

同时，可以从高职院校的学生管理专业中培养专职学生管理干部，从优秀的毕业生或研究生中选留有志于学生管理工作的同志充实管理队伍。

加强专职学生管理工作队伍的建设，能保证学生管理工作的连续性、稳定性。与过去相比，目前学生管理工作的内容和形式都发生了很大的变化。可以说，一个学校，只要有学生，就有管理工作。学生管理工作无处不在、无时不有。显然，学生管理工作单靠少数专职管理人员是很难完成的，因此必须建设一支兼职学生管理工作队伍。

建设学生管理工作兼职队伍，一般做法是从本校教师、研究生、本科高年级学生中，以及学校其他政工干部或管理干部中选拔、聘任有志于学生管理工作的同志。教师兼职负责学生管理工作，不仅因为他们对学生有较大的影响力，还因为他们在与学生的接触中，能及时、准确地掌握学生的思想、情感、个性等方面的变化，可随时为学生指点方向。

高职院校要调动广大专业教师和其他职工兼职从事学生管理工作的积极性，调动他们教书育人、管理育人的工作热情。为此，高职院校要把兼职从事学生管理工作，以及教书育人、管理育人作为一个硬性指标，既有定性的评估，又有量化的考核，以激励广大教职工积极投身于学生管理工作。

加强学生管理工作队伍的组织建设，还要用党的方针政策、用教育理论和教育科学衡量学生管理工作，促使学生管理工作科学化，并经常研究学生管理工作的周期性、规律性，促使学生管理程序规范化，以取得最佳管理效果。

二、高职院校学生管理工作队伍制度建设

（一）高职院校学生管理工作队伍的岗位责任制度

高职院校学生管理工作队伍的工作岗位责任制度就是把学生管理工作的有关规定、要求、注意事项具体落实到每个管理者的一种责任制度，

它规定了每个管理工作者的分工和职责，并可为评价管理工作者的成绩提供依据。

各层次的学生管理工作队伍的工作岗位责任具体内容如下：

第一，校学生工作管理委员会主任肩负着统一指导和协调全校学生管理工作的重任。校学生工作管理委员会主任要根据学校党委和行政学期工作计划，制订全校学生工作的学期计划。同时，在学期内根据不同年级的不同特点，对阶段性的学生管理工作进行组织、安排和实施；定期分析学生的思想动态，为党委和校长制定学生管理工作的决策提供准确的材料；安排全校学生管理干部培训，与人事处一起组织和落实学生管理干部的专业职务评定工作；根据全校学生管理工作的总体要求，协调全校各部门学生的思想教育、后勤服务、学籍管理等工作。

第二，校学生工作委员会办公室（或学生处）主任在学工委的领导下，主管全校学生行政管理和思想教育工作。校学生工作委员会办公室（或学生处）主任根据学工委的决定，协调有关管理机构的学生管理工作，并积极配合、组织和检查基层学生管理工作；负责奖学金、贷学金的管理、评定、调整和发放；主管招生和分配工作；协助教务处进行学籍管理，办理退学、休学、复学和转学手续；检查和维护教学、生活秩序和纪律；统一处理学生来信及来访工作；掌握全校的学生统计工作。

第三，系学生工作组组长在系党总支和系主任的领导下，组织实施学生的学习活动和学生管理；认真组织和安排好政治学习和形势教育任务；抓好学生中党团思想建设和组织建设；指导和支持年级辅导员、班主任开展工作；协助班主任做好学生操行评定、"三好"评比工作和毕业生分配工作，并努力掌握学生思想特点和发展变化规律，总结学生管理工作的经验。

第四，年级辅导员负责统筹本年级或本专业学生的日常思想政治教育和有关的学生管理工作。在系党总支的领导下，组织好年级学生的政治形势教育、新生入学教育以及学生在劳动、实习、军训、毕业分配中的思想政治教育工作；负责协调、安排本年级学生的社会实践及课外公益等活动；根据本年级具体情况，制订学期工作计划，指导、检查班级计划实施情况；对学生的升留级、休学、复学、退学、奖惩、奖贷、品德评定、综合测评、毕业分配等工作提出具体意见；开展对工作对象、任务、方法等课题及有关理论的科学研究工作。

第五，班主任是学校委派到班级指导学生学习，负责学生管理工作，并配合党团组织和年级辅导员开展学生思想教育和管理工作的教师。班主任要坚持四项基本原则，用爱国主义和共产主义思想教育学生；引导和督促学生，指导班级开展各种学习活动，帮助学生改进学习方法，不断提高学习效率，并做好教与学之间的桥梁作用；全面了解和掌握学生情况，做好本班学生的品德评定，德、智、体、美、劳综合测评，评定奖学金、贷学金、困难补助、年度鉴定及毕业生鉴定等工作，做好班干部的选拔、培养和指导工作；指导学生的课余生活，加强学生的集体观念，培养团结向上的班风。

第六，导师由忠于人民教育事业、责任心强、品德高尚、教学经验丰富、学术水平高、拥有讲师以上职称的教师担任。导师主要负责对学生的专业学习进行指导，兼顾思想政治教育工作，努力把思想政治工作深入专业教学的全过程，在启发、指导学生专业学习的同时，对其进行思想政治上的疏导；发现和推荐优秀学生，并向系里提出破格培养的建议；全面关心学生，每年对学生进行考核，写出评语。

在建立具体的岗位责任制度时，应详细说明某一职位的学生管理干部在任期内必须开展的工作有哪些，每一项工作的完成标准是什么。而且，这些内容必须有实践基础、必须切合实际。

（二）高职院校学生管理工作队伍的评价

开展对高职院校学生管理工作队伍的评价具有以下几方面的意义：第一，能确定学生管理工作的质量标准，构建科学的评价指标体系。第二，能使学生管理工作者明白自己的不足、增强自我调节的机能，在优化整个学生管理工作的同时，发挥自己的特长和优势，努力提升管理工作的新水平。第三，能激发学生管理工作者的工作热情，促进职能部门之间开展良性竞争。第四，能够为决策机关在决定管理工作者的职务晋升、薪金（包括奖金）调整、人事调动时提供科学合理的依据，避免凭个人印象决定、论资排辈、依次轮流等不合理做法，提高学生管理工作者的积极性。因此，无论是从加强学生管理工作队伍建设方面来说，还是从强化学生管理工作者的素质、能力和工作责任感来说，都必须积极开展对学生管理工作队伍的评价工作。

开展高职院校学生管理工作队伍的评价工作，关键是构建学生管理工作评价体系。一般而言，构建该体系应遵循以下几条原则：

1. 方向性的原则

评价的目的在于促进学生管理工作的规范化、科学化，引导学生管理工作者从实际出发，为培养社会主义建设所需专门人才这一总目标而高速、高效、高质量地工作，力争学生管理工作的最优化。

2. 科学性的原则

评价体系应能客观、真实、准确地反映各级管理工作者的工作现状、成绩和水平。各级管理工作者的管理工作相对独立而复杂，如年级辅导员，工作范围非常广，评价体系中的评价指标只能覆盖辅导员职责范围中的主要工作和集中反映辅导员工作成绩和水平的重要环节。

3. 可行性的原则

高职院校学生管理工作队伍的评价体系应在不妨碍评价结果的精确度的前提下，尽可能做到简便易行，便于评价人员开展评价工作。

第三节 高职院校学生管理工作者的素质研究

学生管理是学校管理工作的重要组成部分,是一项艰巨、复杂的工作,是育人的重要渠道。学生管理工作的质量直接影响教育教学的质量。因此,学生管理者的素质要求很高,他们既要懂得科学管理的方法,也要善于在工作中建立和谐的人际关系。只有这样,才能在做好管理的同时,体会到工作的乐趣和成就感,并永葆工作热情。

一、学生管理工作者的素质要求

(一)思想政治素质

思想政治素质是高职院校学生管理工作者应该具备的最基本的素质,具体包括以下几个方面:

1. 立场

所谓立场就是一个人在观察和处理问题时所处地位和持有的态度。高职院校学生管理工作是培养人才的工作,是一项政治性很强的工作。因此,学生管理工作者必须坚定地站在无产阶级的立场上,忠诚党的教育事业,全心全意为人民服务,必须在思想上和政治上与党中央保持一致,做好学生的教育和管理工作。

2. 思想观点

思想观点与立场是统一的，一定的立场决定一定的观点。只有坚定立场，才能更好地去观察、研究和解决问题。这就要求学生管理工作者必须树立正确的思想观点，坚持全心全意为人民服务，这是做好学生管理工作的思想前提。

3. 政策水平

政策水平主要指认识党的政策、理解党的政策、执行党的政策的水平，就是能够按照党的政策，结合学生实际情况，正确区分和处理不同性质的矛盾，正确区分政治问题、思想意识问题、认识问题和一般学术问题的界限，有效地做好学生管理工作。

（二）知识素质

学生管理工作既具有理论性又具有实践性，管理对象是具有较高文化素质和丰富知识的青年学生，因此高职院校学生管理工作者必须具有一定的知识素质。

1. 马克思主义基本理论

高校是各种思想理论、不同学术观点交汇、碰撞、融合的地方，是思想文化开放的窗口，青年学生思想活跃、勤于思考，他们愿意接受真理，涉猎的知识面比较宽，但由于社会阅历有限，他们的政策水平、理论修养、判别能力还较低。

学生管理工作者只有努力学习马克思主义基本理论，自觉而牢固地以马克思主义的观点、方法去指导学生管理工作，才能在各种思想观点面前目光敏锐、明辨是非、站稳立场，才能引导青年学生坚持走正确的道路。

2. 学生管理方面的知识

学生管理工作者要掌握管理的科学与艺术，掌握管理的技术和方法；要了解教育学、心理学、社会学等学科的知识，使自己具有决策、计划、组织、指挥等实际管理的能力。学生管理工作者应努力学习，掌握管理方面的专业知识，提高自己的管理才能，使自己成为合格的管理者。

3. 与学生专业有关的基础知识

有条件的学生管理工作者还可兼任一些教学工作，这样有利于将学生管理与教学工作有机地结合起来。

（三）能力素质

能力素质是指以马克思主义为指导思想，运用各种知识，独立地从事管理工作，开拓前进，提高解决现实问题的本领。对高职院校学生管理工作者来说，他们需要具备以下几种能力：

1. 组织管理能力

学生管理工作者要具备组织和管理班级的能力，包括班级日常管理、组织班集体活动等。这要求他们能够制订学期工作计划，并根据计划开展班级管理教育工作，了解班级学生的具体情况。

2. 分析研究能力

分析研究能力包括调查研究能力和理论研究能力。调查研究能力主要指深入学生之中，掌握第一手材料，经过分析和综合研究，全面掌握高职院校学生情况的能力。理论研究能力主要是指结合实际工作，独立进行分析研究，并使之上升到理论的能力。学生管理工作者要通过研究，找出管理工作的规律，以推动学科的发展、指导学生管理工作。

3. 沟通协调能力

学生管理工作者要与各科任课教师、学生家长、学院各部门等进行有效沟通，以实现互相配合，顺利完成教育教学和学生管理工作。

4. 语言表达能力

良好的语言表达能力有利于学生管理工作者更好地起到上传下达的作用，更有效地传达各种信息，从而增强集体凝聚力。

（四）道德素质和性格修养

高职院校学生管理工作者具备高尚的道德素质和良好的性格修养，不仅有利于学生管理工作，还能对学生产生良好的教育作用。学生管理工作者必须为人师表，要谦虚谨慎，勤勉好学，实事求是，作风正派，办事公正，吃苦在前、享受在后，待人热诚、举止文明。

二、学生管理工作者提高素质的基本途径

学生管理工作者的素质不仅关系到其个人修养，还直接关系到学生管理工作的效果。因此，提高学生管理工作者的素质，既是高职院校的一项长期任务，也是加强学生管理工作、更好地培养"四有"人才的当务之急。

要想提高学生管理工作者的素质，使学生管理工作科学化、系统化，不仅管理工作者本人要勤于读书、勇于实践、善于总结，不断提高自己的素质，学校也要从战略高度认清提高学生管理工作者素质的意义，积极探索能达到目的的有效途径。

（一）开展全员培训

高职院校可以开展全员培训，以提高学生管理工作者的素质。从事学生管理工作的人员，不论何种学历、职务、年龄、职别，不论何种岗位，都要接受培训。首先，开展上岗前的基础培训，这是为取得学生管理岗位资格服务的；其次，经过一段时间的管理实践之后开展培训，以便从广度和深度两方面增加他们的管理业务知识，进一步提高管理水平；最后，开展研讨性的培训，主要解决知识和理论的更新问题，通过研究讨论，使学生管理工作者提高素质。

（二）理论学习与研究实践相结合

理论学习与研究实践相结合，要求学校一方面能提出学生管理工作中需要探索、研究的课题，鼓励广大学生管理工作者踊跃选择课题，组织立项研究，并提供必要的理论书籍、文献资料，为学生管理工作者学习有关理论创造必要的条件；另一方面，要制定学生管理改革的立项研究和研究成果的评审、奖励制度，以激发广大学生管理工作者有针对性地学习有关科学理论的积极性。

另外，还可以经常开展理论咨询、讨论等多种活动，组织学生管理工作者分析学生管理过程中出现的实际问题，总结实践经验，进行理性概括。这样，就可以通过研究实际问题提高学生管理工作者的理论修养和专业素。

（三）制定考核制度，实施奖励政策

要定期考核学生管理工作者的管理知识和相应的专业知识，考核其管理工作技能和管理实践能力。对于一些在学生管理岗位上进行学生管理研究并取得成果，同时在管理实践中做出成绩的同志，可授予相应的技术职务，给予相应的表彰和奖励。

第四章 人本理念下的高职院校学生管理

第一节 人本理念下高职院校学生管理概述

一、人本理念和人本主义教育思想

（一）人本理念的内涵

人本理念，简单地说，就是"以人为本"的理念。

"以人为本"就是以"人"为核心、以"人"为根本，既要满足人在生理、安全方面的自然需要，也要满足人在精神和自我价值实现等方面的社会需要，把实现人的全面发展作为最高目标，关心人、尊重人、爱护人、解放人、发展人，一切依靠人民，一切为了人民。

（二）人本主义教育思想的内涵

人本主义教育的源头可追溯到美国教育家杜威"以儿童为中心"的教育主张。现代人本主义教育思想深受人本主义心理学的影响，盛行于

20世纪六七十年代的美国，在西方一些国家兴起的"人本主义教育运动"就是这一思想的延续和发展。

人本主义教育思想的核心是"以人为本"，强调人的潜能发展和自我观念的树立，主张教育要培养身心健康的人，并使每个学生达到生命的最佳状态。

第一，促进和保障学生的成长是教育的使命。教育不仅要满足社会发展的需要，还要满足个体全面发展的需要。教育工作的重心先是为学生的发展服务，然后才是满足社会发展对人的要求。

第二，相信学生拥有发展的愿望和发展潜能是教育的基础与前提。承认并尊重人有成长的本能，给教育教学和学生管理提供了新的思路。传统的家长式的管理压抑了学生的本性，教育应给学生创设良好的环境，提供科学的指导，这样才能推动学生健康、自由地发展。

第三，教育必须保障学生应该享有的权利，承认学生生活的价值意义。学生的任务不只是学习，他们在享有选择权、表达权、展示权等权利的过程中成长、发展，走向未来。

第四，丰富和完善学生的亲身体验是教育的重要任务。学生不是坐在课堂里的学习机器，是一个有思想、有感情的人，教育要充分地尊重学生，通过丰富学生的亲身体验，培养学生端正的思想态度、积极健康的情感、积极向上的价值追求等。

第五，学校是学生社会化的重要场所。学生在学校中不仅要学习科学文化知识，还要学会自我管理、自我教育，学会与人相处。在这一过程中，学生会逐步掌握适应社会生活的技能、技巧。

二、人本理念下高职院校学生管理工作的基本内涵

近年来，随着我国高等教育的不断发展，高职院校学生管理的研究成果日渐丰富。我国教育学家顾明远在《学校学生管理运作全书》中认为："所谓学生管理是学校对学生在校内外的学习和活动进行计划、组织、协调、控制的总称"，是学校管理者有目的、有组织、有步骤地引导学生按照教育目的的要求，在德、智、体、美、劳等方面实现全面发展的过程。学生管理的核心应是"目标、指挥、协调"。

此外，我国学者胡志宏认为，"学生管理工作"是由专门人员对学生实施的有目的、有计划的教育、管理和服务工作，旨在引导学生形成端正的思想态度、良好的性格特征及正确的行为习惯，全面提高学生素质。

基于上述定义，结合我国高职院校实际情况，高职院校学生管理是指高职院校为实现人才培养目标，促进高职院校学生全面发展，通过决策、计划、组织和控制，有效地利用各种资源，为高职院校学生成长、成才提供各种指导和服务的社会活动过程。高职院校学生管理是一项庞

大的工程，内容繁多，它的常规内容一般包括学生日常生活管理、思想品德管理、学籍与成绩管理等。

随着我国经济发展和一些高职院校政策的推行，高职院校学生管理又添加了新的内容，如高职院校学生心理健康管理、贫困生资助管理、就业管理等，增加了高职院校学生管理的复杂性和难度。这就要求高职院校管理者在学生管理过程中要树立人本理念，形成服务意识，改进管理方法，切实增强高职院校学生管理的时效性，推动人才培养目标的实现，加快我国社会主义现代化建设前进的步伐。

高职院校肩负着培养面向生产、建设、服务和管理第一线的高技能人才的使命。高职院校要培养符合社会需要的全面发展的高技能人才，就必须充分重视"学生"这一因素，所以高职院校的学生管理应体现"以人为本"，具体来说就是要"以学生为本"。这是树立科学的学生管理思想的前提，也是做好学生管理工作的思想基础。

人本理念下的高职院校学生管理，就是指在高职院校的学生管理工作中践行"以学生为本"的管理理念。高职院校所有教职员工都应牢固树立"以学生为本"的管理理念，深入了解高职学生的特殊需要，帮助学生解决实际问题，允许学生展现个性，充分发掘学生潜能，切实做到"一切为了学生，为了学生的一切"。具体来说，就是尊重学生、理解学生、依靠学生、服务学生。

尊重学生，是"以学生为本"的最根本的体现。尊重学生是要尊重学生的人格，尊重学生的权利，尊重学生的个性，尊重学生的需要。捍卫人的尊严和权利，是人本主义的伟大传统和伟大追求，无论在何种条件下，学校的管理者都应真诚地关心学生，认真地了解和研究学生，引导和激励学生更好地发展，进而实现高等职业教育的管理目标。

理解学生，是对学生进行有效管理的前提。当今的高职学生，个性鲜明、情感丰富、知识面广，只有充分了解学生的特点，站在学生的立场，真心为学生着想，才能真正理解学生，促进学生的健康发展。

依靠学生，是对学生进行有效管理的关键。学生积极配合和主动参与是学生管理工作取得成功的关键。高职院校的学生年龄一般在 18 ~ 22 岁，这一年龄段的青年心理发展、知识和能力都已达到一定的水平，他们完全有条件、有能力做好自我教育和自我管理。所以，高职院校对学生进行有效管理，要依靠学生，争取学生的积极配合和主动参与。

服务学生，是对学生进行有效管理的途径。教育实质上是一种特殊的服务，学校通过为学生的学习、生活、成长、发展提供服务，促进学生的健康发展。

第二节 高职院校学生管理坚持人本理念的意义

一、高职院校学生管理坚持人本理念的必要性

（一）高职院校学生管理坚持人本理念是适应社会发展的需要

20 世纪 80 年代以来，我国社会生活的各个领域都发生了天翻地覆的变化，人们的思维方式和行为方式等不断更新。高职院校也应主动适应社会管理思想的转变——强调以人为本，理解人、尊重人，满足人的个性全面发展的需要。具体来说，就是在高职院校管理，尤其是学生管理工作中，以学生为本，尊重学生、理解学生、关心学生，切实站在学生的角度考虑问题，以学生的实际需要为出发点开展管理工作；高职院校学生管理者在树立管理理念、制定管理制度、设计管理内容时，充分尊重学生的个性、需要；在学生管理活动中，学生的积极主动性、创造性应得到充分发挥。高职院校要适应社会发展，培养符合社会需要的高技能人才，在学生管理中就必须坚定树立以人为本的理念，尊重学生发展需要，体现人文关怀。

（二）高职院校学生管理坚持人本理念是高等职业教育的本质要求

从本质上讲，教育就是一种培养人的活动。德国哲学家康德曾说过，

"人只有通过教育才能成其为人"。国际 21 世纪教育委员会在 1996 年向联合国教科文组织提交的报告中指出："教育应当促进每个人的全面发展，即身心、智力、敏感性、审美意识、个人责任感、精神价值等方面的发展。"这一观点用于高等职业教育领域，就是坚持人本理念，实现人的价值，培养符合社会要求的、全面发展的高技能人才。主张以严格纪律约束、统一要求为主的传统高职院校学生管理思想与教育的本质相悖，而强调学生的主体地位、强调学生全面发展的"以人为本"的管理思想与教育的本质相一致。所以说，高等职业教育的本质要求"以人为本"。

（三）高职院校学生管理坚持人本理念是新情况、新挑战的要求

随着高等职业教育的发展，高等职业教育的规模越来越大，在校生越来越多，给高职院校学生管理工作带来了一系列挑战。传统的管理理念已经不适应当今高等职业教育发展的新形势。

首先，表现最明显的是高职学生的个性特征发生了很大转变，他们崇尚自我，注重自我感受，强调个人观点，很少人云亦云。大多数高职学生主体意识更强。同时，他们也容易忽视集体和他人的利益，责任感、集体主义观念淡薄。高职学生个性特征的转变，给学生管理工作带来了新的挑战。

其次，我国高等教育进入大众化阶段，教育规模逐步扩大，在校生出现各种各样问题的情况越来越多。

最后，社会竞争激烈，高职学生就业难，这不仅影响毕业生的情绪，还影响非毕业班的同学，增加了他们的心理压力，可能会使他们产生"读书无用论"的想法，进而产生旷课、逃学等行为。这些给学生自身发展及高职院校学生管理带来了新的挑战。

二、人本理念在高职院校学生管理中的意义

（一）能减少传统教育思想带来的弊端

有些传统教育思想会给教育带来一些负面影响。例如，传统教学模式以教师为中心，教师在课堂中占主体地位，发挥主导性作用，而学生在课堂中仅仅是被动地接受知识，被动地接受教育。在传统思想的指导下，学生管理工作出现了比较多的弊端，缺乏创新性和灵活性。这可能导致管理效果不佳，无法适应新时代学生的需求和特点。高职院校学生管理坚持人本理念，能够使教职工站在学生的角度去考虑问题，在处理违纪行为时能够采用更加人性化的手段，加强与学生的沟通。

（二）有助于促进学生全面发展

高职院校学生管理坚持人本理念，有助于促进学生全面发展。例如，学校在制定奖学金考核制度时，不能仅让学校领导、教师协商制定，还应该组织学生代表，征求他们的意见，这样制定出来的奖学金考核制度才能更具说服力。过去那种将学习成绩作为唯一考核标准的制度，不利

于培养学生的综合能力，要将学生各项综合指标列入考核体系中，评出综合素质较高的学生，将其作为奖学金获得者，构建一种人性化的激励机制。

（三）有助于减轻高职院校学生管理工作者的压力

对高职院校来说，学生管理是一项巨大的工程。目前的学生管理，主要是由学生工作处牵头，由辅导员以及后勤行政人员组成管理团队。现在的高职院校学生自我意识比较强，接受不了过多的约束，对高职院校学生管理工作者来说，开展工作非常困难。高职院校学生管理坚持人本理念，可以组织学生代表，与他们协商，制定一些符合学生身心发展规律的规章制度。这样能减少违纪现象的发生，减轻高职院校学生管理工作者的压力。

三、高职院校学生管理坚持人本理念存在的问题

（一）学生管理工作队伍不够强大

虽然很多高职院校构建了以人为本的学生管理体系，但学生管理工作队伍的执行能力不强。高职院校制定了相关规章制度，但是一些工作人员在实际中并未执行，仍旧按照个人的主观想法、经验开展工作。例如，某高职院校规定辅导员每个月都要到学生宿舍看望学生，关心住宿学生的生活情况，但是很多辅导员或者班主任并没有按照规定去学生宿舍，

甚至一个学期都没有露面。另外，一些学生管理工作人员自身素质不过关，这主要体现在沟通能力方面。学生管理工作者需要经常与学生沟通，做学生的思想工作，引导学生树立正确的世界观、人生观以及价值观。但是，由于部分教师沟通能力较差，很多时候不能准确地表达自己的想法，在教育学生方面效果并不明显。

（二）学生管理手段与方法落后

一些高职院校构建了以人为本的学生管理体系，但是在实际管理中，部分工作人员的管理手段与方法却相对落后。随着社会的发展，学生的自主能力日益受到重视，但现有的管理方法和手段使学生失去了自我发展的机会，只能接受学校的统一管理，思想和行动受到限制。这样一来，学生将来走入社会，会难以适应社会需求。

第三节 高职院校学生管理贯彻人本理念

一、加快高职院校学生管理理念的更新

传统的管理理念认为，为了提高学生管理的效率，要制定一系列强硬的措施来管理学生，强调发挥管理者的主导作用，认为只要严格执行管理者的决策、要求，就一定会取得良好的管理效果，实现管理目标。在这种管理理念的影响下，管理者往往按自己的想法去管理学生，统一要求全校学生，很少考虑学生的需要、兴趣等。这样确实降低了管理的复杂性和难度，却抑制了学生的个性发展。例如，很多高职院校在分配学生宿舍时，将同专业、同年级的学生安排在一起。这样做虽然方便了学生管理，但是不利于学生之间的相互交流和启发，不利于学生拓宽知识面，更不利于学生的全面发展。

社会快速发展，其对高职毕业生的要求越来越高，除了要有扎实的专业知识、熟练的操作技能，还要有较强的责任心、强健的身体、勇于创新的精神以及良好的心理素质。简单地说，高职院校要培养德、智、体、美、劳全面发展的学生。这就要求高职院校的学生管理者要转变观念，牢固树立"以人为本"的管理理念，在高职学生管理过程中，要充分尊重高职教育的规律，尊重高职学生身心发展的特点，尊重高职学生的个

性和需要，重视对学生潜能的开发，全面提高学生的素质。高职院校学生管理者在日常管理工作中应树立"一切为了学生"的教育观，变"问题式"管理为"发展式"管理。

二、高职院校学生管理贯彻人本理念的具体举措

（一）创建"以人为本"的和谐校园

1. 校园环境、文化环境建设应体现人本理念

绝大多数高职学生在学校住宿，他们的生活、学习等多是在校园内进行的，其情绪状态、思想品德、行为方式等都会受到校园环境的影响。因此，校园的建筑设计在兼顾观赏性的同时，应尽可能地方便学生使用，充分体现人性化色彩。

高职院校的校园景观设计应能充分体现当地特色，使学生能更好地了解地方文化。学校还应加强校园的绿化、净化、美化建设，为学生提供一个功能完善、美观大方、生态友好、教育性强且充满艺术气息的校园环境，这样不仅可以陶冶学生情操，还能提高学生学习、生活的效率。高职院校的文化建设应体现高职特色和学生特点，要让学校的每一面墙壁都会"说话"，说学生想说的话。例如，可以在全校范围内征集学生喜欢的名言警句、绘画作品等，这些内容往往最能反映学生心声，可以引起学生的共鸣，起到潜移默化的教育作用。

2.建立民主、平等的和谐师生关系

高职院校教师应做到"教书育人、管理育人、服务育人",教师本就是学生管理队伍的一个组成部分,要做好高职院校学生管理工作,需要全体教职员共同努力。学生知识的积累、品德的形成都与教师息息相关,师生关系在高职院校学生管理工作中发挥着重要作用。这就要求教师要牢固树立人本理念,建立民主、平等的和谐师生关系。

具体来说,可从以下几方面入手:

(1)教师应发自内心地关心、爱护学生

苏联著名教育家苏霍姆林斯基认为"没有爱就没有教育"。这句话强调了爱在教育中的重要性。教师应发自内心地关心、爱护学生,这不仅是一种责任,更是一种使命。教师的关爱对学生有着深远的影响,能够激励他们成为更加自信、积极的人。关爱学生是教育工作最重要的部分之一,它涵盖了教师对学生的每一个细节的关注和照顾。爱学生是师德的灵魂,是教育永恒的真谛。在班级管理中,教师要使学生在平等中感受爱。

(2)教师应尊重学生

美国心理学家马斯洛在他的需要层次理论中明确指出人有尊重的需要,"尊重学生"首先要尊重学生的主体性和个体差异,尊重学生的自主性、主动性和创造性。因此,高职院校要以人本理念来指导学生管理工作，教师及其他学生管理者要充分理解学生、尊重学生，把每一位学生都当成独立发展的个体，对学生的进步要及时给予表扬、鼓励，在学生犯错误时也要及时给予教育、引导，对成绩差、经常犯错的同学不能讽刺、挖苦，而应给予更多的指导和帮助。

（3）高职院校学生管理者应多与学生沟通

有效沟通是做好学生管理工作的前提，有助于建立良好的师生关系。但在高职院校学生管理的实际工作过程中，师生之间的交流很少，教师上课就来、下课就走，师生之间互不了解；专职的学生管理工作者也被繁杂的日常事务所困扰，和学生交流的机会也不多。教师及其他管理者应深入学生第一线，多与学生交流，才能了解学生、真正理解学生，师生之间才有可能相互理解、减少冲突。只有了解学生，才能掌握学生的思想变化，为进行有效的学生管理工作提供依据；只有了解学生，才能知道学生的困难，才能"对症下药"，及时为学生提供帮助和指导；只有了解学生，才能想学生之所想、急学生之所急，做学生的贴心朋友，高效做好学生管理工作。

（4）学生管理应以激励为中心

高职院校学生管理贯彻人本理念，也应以激励为中心。在高职院校学生管理中，常用的激励方法有目标激励、奖惩激励、榜样激励等，管理者要在了解学生的基础上，灵活地选择合适的激励方法，发挥激励的最大效用，促进学生更好地发展。

3. 创建健康的网络环境

随着网络的快速发展，尤其是移动网络业务的开展，越来越多的高职院校学生使用网络开展学习、交流、交友等活动。由于网络的虚拟性，有些学生认为在网上交流不受道德和法律的约束，就降低了对自己的要求。学生长时间使用网络，也会影响他们的人际交往能力，导致人际交往障碍。网络上还充斥着大量的不利于学生成长的信息，由于高职学生辨别能力相对较弱，极易受到不良信息的影响。针对以上问题，高职院校应加强对学生进行人生观、世界观的教育，以提高其辨别能力，降低网络不良信息的影响。高职院校还应加强校园网建设，丰富校园网内容，最大程度地发挥校园网的教育功能，如开放学校计算机房，引入防火墙等网络工具，定期净化网络空间，尽可能地为学生提供一个健康的网络环境，减少网络对学生的不良影响。

（二）鼓励高职院校学生参与学校管理

高职院校学生管理工作贯彻人本理念，除了要尊重和信任学生，还应确立学生的主体地位，实现学生的自我管理。苏联教育家苏霍姆林斯基说："只有能够激发学生去进行自我教育的教育，才是真正的教育。"

高职院校的学生个性张扬、思想独立，对学校纷繁复杂的规章制度、教师的管理行为有排斥心理，他们更期望学校、教师能给自己一个宽松、自由的环境，让他们自由发展。高职院校学生管理者应充分尊重学生的想法，适当放权，让学生开展自我管理，变"要我做"为"我要做"，增强学生在教育活动中的主动性和创造性，培养学生的管理能力，同时鼓励学生参与学校管理。

第一，通过学生会、学生社团的力量，充分发挥学生干部在学生中的影响力及模范带头作用，调动学生参与管理的积极性。学生会、学生社团都是学生自己的组织，在教师的指导下自主开展活动，既能提高学生的兴趣，又有利于提高学生的自我管理能力。学校的管理者可适当扩大学生会、学生社团组织的规模，吸引更多的学生加入自己喜欢的社团，充分锻炼学生的能力。此外，还可结合高职学生注重实践技能锻炼的特点及学校专业开设情况，利用学校的实验实训室，创立一些以提高学生操作技能为主要目的的社团，满足学生发展的需要。

第二，开展以学生公寓为主阵地的自我管理活动。现在的高职院校学生宿舍管理主要还是以系部、班级为单位展开的，将宿舍管理纳入班级管理考核。为加强学生的自我管理能力，可单独开展以学生公寓为主阵地的管理活动，设寝室长、楼层长、楼长等岗位，为学生提供生活、学习、人际沟通等方面的服务，定期开展工作质量考核，成绩优异的可给予适当奖励。

第三，充分体现党、团组织的先进性，发挥学生中先进党员、团员的榜样示范作用，利用党团活动对广大学生开展世界观、人生观、价值观教育。

（三）完善高职院校学生服务机制

高职院校学生管理要贯彻人本理念，就要转变观念，增强服务意识，变教育活动为服务活动。

1. 加强高职院校学生心理咨询服务机构建设

高职院校学生的学习压力相对较大。除了学习压力，还有经济压力、情感压力、就业压力等，而他们的抗挫折能力却有所下降，很多学生出现了不同程度的心理健康问题。近年来，高职学生的心理健康问题越来越引起社会、学校的重视。

高职院校学生管理要贯彻人本理念，"以学生为本"，就要关注学生的心理健康问题。实践证明，心理咨询与辅导是提升学生心理健康水平的有效途径。高职院校应加强学生心理咨询机构建设，为学生提供心理测评、心理档案建立及管理、学生心理咨询与辅导等服务，帮助学生调整心态，解决心理困惑，减轻心理压力，使学生以阳光心态面对生活、面对学习。

学生心理咨询与辅导是一项技术性很强的工作，学校必须在人力、物力、财力上予以大力支持。例如，选派教育学、心理学、医学专业的教师开展专门培训，建立高水平的学校心理咨询师队伍；为学生心理咨询机构配备相关的仪器和设备；提供校内心理咨询网页、咨询热线等，通过多种途径帮助更多的学生解决心理健康问题，提升学生的心理健康水平。

2. 成立高职院校学生勤工助学服务机构

贫困生是指在高职院校就读期间，家庭所能筹集到的资金难以支付学费、住宿费等各种费用的学生。目前，我国高职院校学生资助的渠道主要有奖学金、国家助学贷款等。很多贫困生只能通过勤工助学的形式解决生活困难问题。而一些高职院校没有专门的学生勤工助学服务机构，学生只能自己去联系，机会少、待遇低，安全性也难以保障。高职院校可以成立专门的学生勤工助学服务机构，利用高职院校服务地方经济的优势，加强与各部门、单位的联系，为学生勤工助学开辟新途径，提供更多的勤工助学岗位。这样既能帮助学生解决实际困难，又能锻炼学生的社会适应能力、工作能力，促进学生全面发展。

3. 成立高职院校学生就业服务机构

毕业生就业指导工作是学生管理工作的重要内容之一。近年来，我国高职院校进入快速发展期，毕业生逐年增多，求职的难度也随之增加，导致很多学生在读书期间产生了"读书无用"的想法。这加大了高职院校学生管理工作的难度。学校要加强学生就业指导工作，通过"抓培养促就业，抓就业促招生"，推动学校工作又快又好地发展。

目前，大部分高职学生对未来职业的期望太高，如不愿到农村、基层工作，不愿到生产第一线，工资要求明显高于当地平均工资水平等，以这种心态去求职的话，一定会四处碰壁，增加学生的挫败感和焦虑心理。为避免学生"毕业即失业"，高职院校应成立专门的就业指导服务中心，配备专门的就业指导教师，运用心理学的方法帮助学生分析自身特点，找准职业定位，再结合市场行情，指导学生科学就业。

作为高技能人才培养主体的高职院校，理应为毕业生就业提供各种有利条件。高职院校可利用自身在地方经济建设中的影响力，通过人才交流会、供需洽谈会等多种多样的形式，搭建毕业生与用人单位间的桥梁。学校还可利用自身优势，主动加强与用人单位的沟通，收集毕业生供需信息，建立毕业生就业网络，及时为学生提供就业信息，帮助学生就业。另外，学校在学生在校读书期间就应该指导学生转变观念，变被动择业为主动创业，加强培养学生的创业意识，通过开设创业课程和开展相关活动，为学生将来自主创业积蓄能量，鼓励学生积极创业，并为学生的自主创业创造条件。

（四）加强高职院校辅导员队伍建设

高职院校应以人本理念指导学生管理工作。人本理念强调"人"这一因素，注重发挥学生的主体性，但并不是说不需要管理，而是需要更高层次的管理，这就对高职院校学生管理者提出了更高的要求。辅导员、班主任是高职院校学生管理队伍的主体，他们与学生接触最多，负责学生日常事务及思想教育工作。因此，加强高职院校辅导员队伍建设，提高辅导员整体素质是做好学生管理工作的基础。

当前，高职院校辅导员队伍呈年轻化趋势，大部分辅导员是刚走出校门的硕士研究生，他们年轻，跟学生沟通起来更容易。但年轻辅导员缺少经验，管理学生的方式、方法都不够成熟，在管理过程中容易出现各种各样的问题。针对我国高职院校辅导员队伍的现状，可从以下几点入手，提高辅导员队伍的整体素质：

首先，高职院校应构建完善的辅导员选拔机制。学校在选拔辅导员时，应强调应聘者的工作态度和责任感，只有具有强烈的责任感，才能在遇到困难时不退缩、不推卸，把学生的发展时刻放在心上。现在，很多高职院校在选拔辅导员时，要求辅导员的专业与要学生的专业相近，认为这样有利于指导学生学习。其实，辅导员的主要工作是对学生进行思想教育和行为管理，拥有教育学、心理学、管理学、社会学等专业背景的人更有利于辅导员工作的开展。

其次，刚参加工作的辅导员一般比较年轻，生活阅历浅。学校应对辅导员进行有计划、有组织、有目的的培训，除了常规的教育学、心理学等知识培训，还应帮助辅导员分析学情，请优秀辅导员举办讲座、传授工作经验等，通过长期、系统的培训，切实提高辅导员队伍的整体素质。

　　最后，高职院校对辅导员也应进行人本管理，鼓励辅导员进行创新，制定科学的辅导员绩效考核体系，为优秀辅导员提供更多的业务进修及职务晋升的机会，更好地调动辅导员工作的积极性。

第五章　以企业化模式创新高职院校学生管理

目前，高职教育已经成为我国高等教育的重要组成部分。同时，高职院校不断扩招、不断扩大办学规模，学生的生源呈现多元化趋势，学生素质参差不齐，给学生管理工作带来了很大挑战。在学生管理工作中引入企业管理理念和企业文化，既符合当前高职院校以就业为导向的办学宗旨，又能实现学生与企业的"零距离"对接，为学生将来"零距离"就业打下坚实的基础。

第一节　学生企业化模式管理概述

一、企业管理理念与企业文化

（一）企业管理的含义

企业管理是指企业为达到既定的目标，对企业的生产经营活动进行计划、组织、领导、控制，以充分运用企业的人力、物力和财力，使其发挥最大的效用。所谓企业管理理念，就是企业领导者包括全体员工，在企业生产、经营、建设全过程中用科学的制度、方法对内外部资源进行合理配置和合理利用，并不断寻求新的发展而形成的一种共识，本质上是一种对管理者的思维起指导作用的方法论。

（二）企业文化

1. 企业文化的定义

企业文化是指在一定的条件下，企业在生产经营和管理活动中创造的具有该企业特色的精神财富和物质形态。它包括企业愿景、文化观念、价值观念、企业精神、道德规范、行为准则、历史传统、企业制度、文化环境、企业产品等。其中，价值观念是企业文化的核心。企业文化是企业的灵魂，是推动企业发展的不竭动力。它的内容非常丰富，其核心是企业的精神和价值观。这里的价值观不是泛指企业管理中的各种文化现象，而是企业或企业中的员工在从事经营活动中所秉持的价值观念。

企业文化由以下三个层次构成：

① 表面层的物质文化，被称为企业的"硬文化"，包括厂容、厂貌、机械设备，产品造型、外观、质量等。

② 中间层次的制度文化，包括领导体制、人际关系以及各项规章制度和纪律等。

③ 核心层的精神文化，被称为"企业软文化"，包括各种行为规范、

价值观念、企业的群体意识、职工素质和优良传统等，是企业文化的核心，也被称为企业精神。

2. 企业文化的特征

第一，人本性。企业文化是一种以人为本的文化，最本质的内容就是强调人的理想、道德、价值观、行为规范在企业管理中的核心作用，强调在企业管理中要理解人、尊重人、关心人。注重人的全面发展，用愿景鼓舞人，用精神凝聚人，用机制激励人，用环境培育人。

第二，传承性。企业在一定的时空条件下产生、生存和发展，企业文化是历史的产物。企业文化的传承性体现在三个方面：一是传承优秀的民族文化精华；二是传承企业的文化传统；三是传承外来的企业文化实践和研究成果。

第三，创新性。创新既是时代的呼唤，又是企业文化自身的内在要求。优秀的企业文化往往在继承中创新，随着企业环境和国内外市场的变化而改革发展，引导大家追求卓越、追求成效、追求创新。

第四，独特性。企业文化具有鲜明的个性和特色，具有相对独立性，每个企业都有其独特的文化淀积，这是由企业的生产经营管理特色、企业传统、企业目标、企业员工素质以及内外环境不同决定的。

第五，整体性。企业文化是一个有机的统一整体，人的发展和企业的发展密不可分，引导企业员工把个人奋斗目标融于企业发展的整体目标之中，追求企业的整体优势和整体意志的实现。

第六，相融性。企业文化的相融性体现在它与企业环境的协调和适应性方面。企业文化反映时代精神，与企业的经济环境、政治环境、文化环境以及社区环境相融合。

二、高职院校学生管理企业化模式

高职院校学生管理企业化模式，主要是指在先进的企业理念和企业文化的指导下，有目的、有计划、有组织地对学生进行教育管理和提供服务，将学生培养成为德、智、体、美、劳全面发展的高素质技能型人才。

高职院校的办学方针是"以服务为宗旨，以就业为导向"，以培养面向生产、建设、管理、服务第一线的技能型人才为目标。基于这些特点，在学生管理中引入企业管理的理念与方法是很有必要的，不仅可以使学生在校期间学好理论知识、专业技能，还能使学生感受企业氛围，缩短学生就业的适应期。对企业来说，这种管理模式有利于其引进人才；对学校教师来说，这种管理模式有利于其不断学习企业管理的理念和方法；对学生来说，这种管理模式有利于提升其职业素养，实现其与企业的"零距离"对接。

第二节　高职院校学生管理引入企业管理模式的可行性分析

目前，高职院校正朝着产业化、市场化、国际化的方向发展，其管理模式也由过去的办高职院校、管高职院校向经营高职院校转变。高职院校学生自身的特殊性决定了管理模式的特殊性，高职院校学生管理运用企业管理模式既具有可行性，也符合当今高职院校发展潮流的需要。

一、高职院校具备引入企业管理模式的基础

（一）高职院校具备引入企业管理模式的条件

高职院校在培养目标、专业设置等方面具备引入企业管理模式的条件。

1.培养目标方面

高职院校主要培养具有一定理论知识、动手能力强的实用型人才。高职院校为实现这一目标要求，需要与企业建立长期的合作关系，使学生尽快适应社会和企业的要求，将学生培养成为职业性、高级性、技术性的高素质人才。

2.专业设置方面

高职院校要根据市场的需求，及时调整专业的发展方向，使专业设

置具有针对性、适应性。高职院校要及时跟踪市场需求的变化，主动适应区域、行业经济和社会发展的需要，根据学校的办学条件，有针对性地调整和设置专业。

3. 高职课程与职业资格证书相融通

把职业资格标准融入高职院校课程体系中，即"课证融通"，有利于实现专业课程内容与企业的岗位技能需求的紧密结合。同时，高职院校要根据职业岗位要求，不断实现课程内容的创新，及时地纳入新知识与新技术。另外，为实现学历教育与职业资格证书教育的紧密结合，还应构建职业技能考核体系。

（二）高职院校学生管理与企业管理具有相似性

从目标来看，企业在的目标是在确保产品质量的前提下，凭借销售产品及服务，追求企业利益的最大化。同时，企业通过对员工的激励和引导，使每个员工都为实现企业的目标而努力。高职院校学生管理的目标是将学生培养成满足社会和市场需求、获得就业单位认可的高素质技术技能型人才。

从管理理念来看，目前高职院校的学生管理大多以学生为主体，以学生为出发点，倡导以学生为本的教育理念，在日常的学生管理工作中注重人性化的教育与引导。而企业目前推崇的也是情感管理、人性化管理、精细化管理。两者的主旨都是提倡以人为中心，通过解决思想问题来改变人的行为。

从绩效考核来看，企业制定了个人绩效与薪酬挂钩的考核制度，员工获得的收入与其取得的成绩成正比。高职院校学生管理注重培养学生的综合素质，细化评分标准，学生的量化考核分数与评奖学金、评优挂钩。

二、高职院校具有引入企业管理模式的动力

（一）高等职业教育遵循市场规律

市场规律是以需求为导向、以价格为调节手段的市场关系。职业教育是面向社会、面向市场办学的，培养的是社会、市场需求的技能人才。遵循市场规律办学，还要注意教育规律和市场规律相结合。学校培养的人才是高技能人才，要保障效益的实现，以最少的投资获取最大的成果，实现资源的优化配置。高职院校要走产学研结合的教育之路，培养的学生要符合市场的高质量、低成本、高竞争力要求。同时，高职院校要运用市场调节的手段，完善招生和分配制度，把好招生关、专业关、产教结合关和就业关，利用多种形式促进学生就业。

（二）人才市场需求多样化的需要

随着知识经济和信息时代的到来，知识技术的更新率越来越快，技术技能型人才和复合技能型人才越来越受到市场的重视，高职教育市场需求呈现多样化，直接推动了高职院校企业化管理的产生与发展。

（三）学生"零距离"就业的需要

高职教育从某种意义上说是一种就业教育，与企业有着天然的联系。目前，高职院校毕业生就业压力大已成为社会比较关注的问题，也给高职院校的生存与发展带来了很大的挑战。在这种形势下，高职院校制定了"零距离"就业目标，即学生一毕业就能上岗工作，不需要单位的再培训。因此，高职院校学生管理需要引入企业的管理方式，以满足学生"零距离"就业的需要。

三、校园文化与企业文化具有相融性

（一）企业文化的先进理念逐渐融入校园文化

目前，国内外优秀企业的先进理念和管理方式已经逐渐融入高职院校的校园文化中。一是人性化管理的理念。高职院校将"以人为本"的管理理念贯彻到校园文化中，尊重每一位教职工和学生。二是创新发展的理念。创新是与时俱进的时代理念，每个人都要培养创新精神。三是全面质量管理的理念。高职院校要时刻根据市场的需要来调整院校的人才培养目标，为社会培养出高质量、高素质、高技能的复合型人才。

（二）校园文化与企业文化具备交流的平台

校园文化与企业文化要融合，首先要搭建两者交流的平台。一是活动载体平台。校企联合举办校园文化活动，学校宣传企业的产品，而企业为学生的技能培训和社会实践提供平台。二是搭建网络平台。通过网络，学校和企业可以进行技术、科研、就业等方面的交流。三是校企双方共建实训基地。在企业设立实训基地，使学校文化和企业文化相融通。企业适当提供部分生产设备，而师生直接深入企业开展生活、学习和顶岗实践，感受企业文化，培育企业精神。

第三节 高职院校学生管理企业化模式的构建设想

一、宏观管理制度的企业化

（一）绩效考核制度

绩效考核主要是对个人和部门平时的工作成绩和表现的评估，依据系、班级制定的考核细则和考核办法，各部门主要负责人主要负责对组员的考核。班主任打分时，要参考各部门负责人的意见；部门的考核由纪检部提供平时工作记录，班主任给予考核与评价。

（二）考核责任制度

个人日常考核由部门班委负责，考核结果按月总结，形成月度汇总表，由部门班委签字确认并交班长审核，班长审核签字后交班主任，当月考核完成；部门考核由班主任、班长负责，考核结果由组织部分类保存，作为期末考核的依据。

（三）例会制度

每周固定时间召开学生干部会议，由学生管理工作者主持，主要对一周工作进行简单总结，并提出工作中的不足。然后，对近期工作做出安排与分工，以提高工作效率。相关负责人如实做好考勤工作和会议记录。

（四）人员配备管理制度

选拔优秀的学生干部，要坚持任人唯贤的原则。学生干部的选拔程序是：先填写个人自荐表，写出自己的优势；学生管理工作者对这些学生进行面试，选出素质高、组织能力强、语言表达能力强的学生，根据他们的平时表现和兴趣爱好、个人特长等条件，为他们分配工作部门。

（五）学生培训制度

为全面提高学生的职业素质，可以对学生进行职业素质培训。按照人才培养计划，一年级进行入学培训，二年级进行职业素质培训，三年级进行职业技能和就业培训。除此之外，每学期还要对学生干部进行培训，教导他们如何做优秀的学生干部。

（六）授权管理制度

将对学生的管理、监督、考核等任务学生干部去执行。学生管理工作者平时主要负责指导和处理班级重大事务。在平时的工作中，随时对各部门工作进行检查，并随时找各部门班委汇报近期工作；给各部门班委工作充分的自由度，各部门之间可根据自己部门的性质制定适合本部门发展的规定和管理方法，充分发挥主观能动性。

二、班级管理的企业化

班级管理的企业化就是把企业文化、管理理念、制度和运营方式融入班级管理和教育中，教师的角色相当于董事长，班长相当于企业的CEO，班级干部相当于企业的中层领导，普通学生就是员工。这样，班级成员就有了双重身份，即学生和"企业员工"。这种"仿真公司"的运作模式能够强化学生的职业意识，提高职业道德素质，感知企业文化和精神，为将来就业打下良好基础。

（一）组织机构的设置与管理

教师作为公司（班级）的董事长是公司发展的指导者，向员工（学生）提供法律、道德、心理学等方面的知识，帮助员工提升职业道德和业务水平。班长作为公司的CEO，主要负责召集董事会议和平时的日常工作。参照企业的部门设置方式，我们将班级设置成六个部门来管理，原来的班委在具体划分部门后，按照个性特点及兴趣爱好将班里的学生划分到各个部门，成为部门员工，协助负责人做好本部门的各项工作。

组织部：负责班级党团生活，考察班级成员行为规范；组织策划班级活动，提供各部门的人员配置情况咨询；负责班级会议的考勤及会议记录工作。

宣传部：负责班级的宣传工作，及时更新班内橱窗板报；撰写班级活动的报道和总结，用有效方式提高班级知名度；确保对内对外各种信息的畅通。

学习部：负责班级的学习工作，做好班级学风建设工作，为学习成绩差的同学提供帮助，配合班级其他工作等。

生活部：负责班级的日常生活管理，关注班级成员的生活状况，提供生活上的帮助和支持；协调班级成员，营造和谐的班级环境。

纪检部：直接对班主任负责，监督各部门及其成员的纪律、作风等，并提出改进意见；及时向班主任汇报班级的纪律执行情况。

文体部：负责班级文体活动。以重大节日为契机，组织班级文艺活动；动员组织参加院、系级大型体育活动。

以上是各个部门的划分及职能情况。此外，各部门还应当完成班主任、班委会统一交办的其他任务。各部门成员的个人日常考核记录由各部门班委负责，所有班委的个人日常考核由班主任、班长负责。另外，各部门还负责班级与上级部门的联络交流，接受院系学生会、团总支相应部门的指导。

每个部门与企业（班级）的整体发展息息相关。每月进行一次量化考核，每学期期末对工作完成情况进行总结。

（二）管理层的选拔、任命及考核

选拔出一个合格的 CEO（班长）是组建公司（班级）关键的一步。

首先，自我推荐——向领导和员工介绍自己的优势，并递交自荐书，领导根据自荐书的内容和其语言能力对其有个初步的了解。其次，民主选举——通过不记名投票形式选出大家一致认为比较合适的人选。最后，暂定人选——在试用期内对其考察，确定他的去留。

对于中层干部（各部门负责人），可以进行较长时间的考察，试用期中的 CEO（班长）可以发挥自己的作用，负责了解和考察他们。在一段时间后，由 CEO（班长）提名，董事会审查确定出最佳人选。完成干部的选拔后，对他们进行考察。例如，可以让 CEO（班长）组织一场晚会。所有的工作都由他自己安排。在这个活动中，从整场晚会的效果及创新性可以看出 CEO（班长）的能力，晚会的整体连贯性可以体现组织部负责人的能力，晚会的节目效果可以看出文体部负责人的能力，晚会的卫生和秩序可以看出生活部负责人的能力等。通过组织这个活动，董事长（教师）不仅能看出每个中层干部的能力，还能使他们发现存在的问题，并学会改进的方法。经过这样的几次活动，根据这些班委成员的表现，对其能力进行审核，督促他们提高。对于没有能力的中层干部，指出错误并撤职。对于其他表现出色的普通员工，为其提供充分的发展空间。

（三）激励制度的建立

为调动公司（班级）每位员工工作的热情和积极性，公司（班级）可以建立激励制度，根据平时的量化考核分数，设立虚拟奖金（班级统一制作的代金券）。如班级量化分数 1 分，虚拟工资为 10 元。实行按劳分配的制度，为公司（班级）带来效益就提高虚拟工资水平，违反公司（班级）规定就要扣除工资。

公司的奖励条例可进行以下规定：① 全勤奖。保质保量完成各项生产任务，一月内无迟到、早退、旷工、请假者奖励 100 元。② 部门先进奖。部门工作完成得好，部门员工无违纪情况，每月每人奖励 100 元。③ 以班级利益为重者。如代表班级参加各种比赛者，每次 30 元，获奖再酌情加钱。④ 董事会成员履行职责成效显著者，获得虚拟奖金 50 元。每月选出最佳员工 2 名，获得虚拟奖金 50 元。每月选出星级员工 2 名，获得虚拟奖金 100 元，并给其家属发去贺电。

公司的违规处理条例规定：上班迟到、下班早退一次，扣虚拟工资 10 元；旷工一次，扣虚拟工资 30 元；出现生产事故一次，扣 100～200元；不按规定佩戴校徽、实训课不按规定穿服装者一次，扣虚拟奖金 20元；因各种原因出现违纪处分一次，扣工资 100 元；董事会成员未能履行自身职责造成公司（班级）损失的，扣除虚拟工资 80 元并降级。

（四）班级规章的设立

在制定班级制度时，要最大化地依据企业规章制度，形成富有特色的企业化班级制度。如公司制度规定：每位员工应按时上下班，完成自己的生产任务；认真履行请销假制度；搞好厂区卫生和生产的气氛；员工要注意仪表，上班期间穿工作服；严禁携带管制刀具和其他易燃易爆危险品进入厂区；同事之间要和睦相处，发扬团队精神；遇事要冷静，采用正当的方式维护自己的权益。参考企业的规章制度，建立有效的班级管理制度。

1. 出勤考核规定

第一，学生应按学校规定时间参加学习和各项活动，无特殊事由不准请假。

第二，病假、事假、公假、迟到、旷课、夜不归宿的按学校相关规定处理。

第三，学生会纪检部负责安排好值班人员，每日检查全系各个班级的出勤并做好记录，每日下午课后向负责相应班级的辅导员报告当日出勤。

第四，辅导员负责统计好其负责的班级学生每日出勤情况，每周五下班前将一周的出勤情况报至系内学管部门。

第五，遇有学生旷课、夜不归宿、未按时返校、不请假擅自离校等特殊情况，班主任、辅导员等应及时追查，核实情况，并应及时报告系内主管领导。

第六，系内学管部门不定时对学生出勤情况进行检查，及时统计学生出勤情况，达到相应标准者，及时按学院相关管理规定做出处理，必要时上报学生处等学院相关职能部门。

2. 学生请假的规定

因私人或家庭亲属的重大事件无法按学校规定时间上课而请事假，无论时间长短，必须由家长与班主任联系；因身体原因无法按时上课，须提供医院的相关诊断证明，并在诊断证明上注明"建议休息时间"，根据其上的时间准假，请假三天以上者，须二甲以上医院的诊断证明；身体不适，想回宿舍休息，事先通知班主任，由班主任（班主任没空时，班长代替）带领去医务室，经医生证明确需休息，再回宿舍；因参加院、校开展的重大活动，并经有关院、校领导证实后确实无法按时上课时，请公假；学生因病、因事等原因不能按时上课或参加全院性集体活动，必须办理请假手续，否则按旷课处理。病假没有诊断证明者，按旷课处理。

另外，学生请假在 3 天以内，应以书面形式向班主任提出申请，批准后生效；请假在 4 天至 7 天的，应以书面形式向班主任提出申请，经班主任审核、系主管领导批准后生效；请假在 8 天及以上的，应以书面形式提出申请，经班主任审核、系主管领导批准、学生处签署意见后生效。

3. 卫生考核管理办法

环境卫生区采取区域管理负责制，以班级为单位划分管理范围，各个班级负责人负责安排每日的卫生清扫及值日人员；教室卫生由各班负责，各班委会负责安排每日的值日人员，每日晨起上课前及晚下课后进行卫生清扫工作；各宿舍由宿舍长负责安排每日的卫生值日人员，负责宿舍内每日的卫生清扫工作；每月月初第一周的周四下午为全系大型卫生清扫日，要求全系各个班级对所属环境卫生区、教室、宿舍进行一次彻底的卫生清洁工作。

4.学生仪容仪表规范

（1）着装基本要求

着装要穿戴整洁、朴素、大方，不得穿奇装异服；上课时，不准穿拖鞋、背心等不符合学生身份的服装；女生不准穿吊带衫、吊带裙，不准穿过分暴露的衣服，不穿超短裙和过分紧身或过于透明的服装；上实验操作课和体育课，应按专业要求着装。

（2）其他仪表、仪容及行为规范要求

不佩戴夸张饰物，如挂件、戒指、耳环、项链、手链、脚链等饰品，不化浓妆，不装饰指甲，校内不戴墨镜；主动接受学校教师、学生干部仪表仪容检查；严禁携带打火机、香烟进课堂；姿势体态自然大方、适宜得体。

（五）团队精神的养成

第一，确定共同的目标。目标要导向明确，符合实际的需求。班主任可以为学生每月设立一个班级目标，如第一个月争创卫生模范班集体、第二个月争创纪律模范班级等，使学生发挥团队力量，共同实现目标。

第二，学会服从团队，树立我为人人、人人为我的理念。团队的每个成员都要服从集体、识大体顾大局，每个人都担负起自己的责任，尽量在自己部门里解决摩擦问题，为班级创造良好的学习、生活条件，主动帮助他人，形成班级凝聚力。

第三，班级成员之间要做到有效沟通与交流。良好的沟通与合作是使整个班级形成团结、和谐氛围的基础，对班级的凝聚力和团队合作能力的培养至关重要。

第四，增强班委成员的影响力。班委成员是班级开展工作的核心，要树立为同学服务的管理心态，用自己的组织协调能力带领团队成员完成组织目标。班委成员要注意倾听不同声音，虚心接受不同的意见和观点，然后加以重视和思考，提出改进的方法。班主任要建立一支强有力的班干部队伍，使他们成为凝聚班集体的纽带。

第五，强化制度，引导学生自我管理。为学生搭建展示自我的平台，创造学生主动参与班级管理的机会，形成学生自主管理的班级管理模式。充分尊重学生的情感需要，创造和谐、积极向上的班级氛围。

（六）良好班风的建设

建设特色的企业文化是企业管理的战略目标，班级管理也要建设适合班级发展的班级文化，这对全班同学习惯的养成、职业道德的塑造有很强的推动作用。良好的班级文化促使每个班级成员都自主为班级建设做出自己的贡献。建设良好的班风需要正确的引导。首先，要根据班级学生特点确定班级建设的重点，并确定班级发展目标和学生阶段性培养目标。其次，在目标实现过程中，要时刻关注学生的动态，全方面抓学生品质、学风和职业意识。最后，时刻对良好班风进行巩固，狠抓班级里积极向上的力量，让这些力量成为班级的主流，带动全班同学朝着正确的方向发展。

班级管理的企业化具有以下意义：一是能最大限度地发挥学生的主观能动性，实现学生的自我教育、自我服务和自我管理。二是能培养学生团队协作的能力。学生作为团队的一员实际参与班级管理，能够增强责任意识，自觉地将个人发展目标和团队目标结合起来，与团队成员沟通协调，培养良好的人际交往能力。三是能培养学生的职业素养和职业精神。学生在班级中提前适应企业的管理方式，为以后"零距离"就业打下了良好的基础。

三、企业管理理论在学生日常管理中的应用

（一）企业 6S 管理与学生管理

1. 6S 管理概述

6S 管理来自 5S 管理，5S 管理理论起源于日本。"5S"是指整理（Seiri）、整顿（Seiton）、清扫（Seiso）、清洁（Seiketsu）和素养（Shitsuke）这五个日语词的罗马拼音，因为这五个词的首字母都是"S"，所以简

称为"5S"。2000年，海尔公司在5S的基础上添加了"安全（Safety）"一词，形成6S管理理论，具体内容如下：

① 整理：先将办公场所、工作现场的物品划分为需要品和不需要品，对需要品进行整理保管，对不需要品进行处理或报废。目的是节约空间、提高工作效率。

② 整顿：将需要品摆放整齐，并明确其标识，以减少寻找时间。

③ 清扫：将办公场所、工作环境打扫干净，无垃圾、无灰尘、无脏污，干净、整洁，并防止污染的发生。目的是保持现场整洁，提高作业品质。

④ 清洁：维持整理、整顿、清扫的成果，并进行标准化、制度化。目的是通过制度化维持现场清洁。

⑤ 素养：通过整理、整顿、清扫、清洁等改善活动，以"人性"为出发点，使全体人员养成守标准、守规定的良好习惯。目的是增强员工的主人翁意识，培养员工良好的素质。

⑥ 安全：指在产品的生产过程中，及时消除或预防在工作状态、行为、设备及管理活动的安全隐患，为员工创造安全、舒适的工作环境。目的是保障人、财、物的安全。

2.6S管理应用在学生管理领域中的新内涵

① 整理：整理思想，盘点自己。近期的目标实现情况；近期缺点是否改进；近期在学习、生活等方面有什么收获；近期与同学们的相处情

况；现在的综合素质与理想工作岗位的要求之间的差距；明确有所为有所不为，即不该做的坚决不做，不好的坚决不做。

② 整顿：将自己的理想、人生观、优缺点、奋斗目标、近期主要任务等问题列出来，并准备需要的学习资料、生活物品，分门别类地布置好。

③ 清扫：清除思想杂念，放弃不符合实际的、不正确的思想。打扫个人及宿舍卫生，将自己的生活场所彻底清扫干净，创造干净、亮丽的环境。

④ 清洁：经常反省自己，保持思想、行动与理想目标的高度一致，随时制定自己的人生规划；持续不断地保持思想的纯洁和个人生活空间的整洁，形成习惯。

⑤ 素养：规范日常行为，提高自己的综合素质。

⑥ 安全：将自己的身心健康、安全放在第一位，做到"三思而后行"，确保自己的人身安全和心理安全。

（二）目标管理在学生管理中的应用

1.目标管理概述

目标管理是在世界范围内已经广泛应用的一种管理方法。目标管理用系统的方法，将重要的管理活动结合起来，有效、高效地实现组织目标和个人目标，是一个全面的管理系统在造高职院校学生管理中运用目标管理，其实质就是教育者把教育的方法和任务转化为目标，经过评估完成各项任务，学生设立个人目标，经过自我管理，实现自己的职业目标。学校通过目标管理，可以培养学生的目标责任感和目标意识，提前适应企业目标管理，尽快实现人才培养目标。

2. 目标管理在学生管理中应用的程序

第一，设定目标。学校设置学院的整体目标，在这种目标的指引下，班级设定班级目标，学生设定个人目标。各种目标形成目标网络系统。

第二，实现目标。设定目标后，如何引导学生实现目标是非常重要。由于高职院校学生的职业定向性的特点，我们可以结合学生的专业，组织学生开展各种教育活动，为学生实现自己的目标提供平台。例如，对刚刚入学的学生进行入学教育，引导学生制定职业生涯规划，让他们在适应新环境的过程中，设定将来发展的目标；对二年级学生进行职业素质教育，通过开展各种活动，使学生明确将来要从事的工作和应具备的素质；对三年级学生进行就业教育，要让学生懂得求职技巧。同样的，班主任也要根据各班情况去实现班级的目标。

第三，信息反馈。在目标实现的过程中，要参照个人目标进行自我考评，评价取得的成绩，找出不足，确定自己完成的情况。如果觉得目标实施起来难度很大，就要适时地修改，并重新确定新的具有可行性的目标。

第四，目标循环。目标经过设立—反馈—修改—再设立—再反馈—再修改的循环过程后，会有不同程度的提高和发展，没有永恒不变的目标，目标会在整个实践过程中不断调整。

目标管理的方式能使每个人都树立"我现在做的，使我更接近目标"的信念，并增强时间观念，合理安排时间，能够改变教师督促学生完成各项任务的传统方式，使学生能够实现自我监督、自我管理。

第四节　校企结合模式下的高职院校学生管理

为了适应区域经济和产业经济转型升级、发展对高技术、技能型人才的需求，许多高职院校已经把校企合作、工学结合作为提高学生岗位实践能力的重要手段。在这种人才培养模式下，传统意义上的教与学已经发生了重大变化，要求学生走出校园、走进企业，将理论和实践紧密联系起来，到具体的实践岗位去"试就业"。在这种新形势下，我们必须改革当前学生管理中的工作理念、管理方式和管理体制，构建适应校企合作的学生管理新模式。

一、校企合作模式下学生管理工作的新特点

"校企合作"人才培养模式要求学生必须到企业中去顶岗实习，练就岗位技能。在这种模式下，教育主客体、教学环境和教育内容都发生了巨大变化。

（一）教育主体由教师变成了企业技术人员

在校企合作模式下，教育主体变为教师和企业技术人员（兼职教师）。双方（教师和企业技术人员）分工与协作的界限不清晰、责权模糊，给学生管理工作带来了很多不确定因素，出现了教师不熟悉企业生产和管

理、企业技术人员（兼职教师）不熟悉学生管理工作的尴尬局面。教育主体多元化导致学生思想波动很大、无所适从，给学生管理工作带来了很大的问题。

（二）教育客体由学生变成了企业准员工

在校企合作模式下，教育客体——学生拥有了学生与企业员工（学徒）双重身份。在他们还没有做好心理准备的时候，校企合作模式让他们变成了企业员工，学生会出现心理落差。同时，随着学生身份的转变，企业对他们的要求也发生了变化，这会使学生对其所从事的工作、所处的工作环境感到不适应，学生会产生畏难情绪，给学生管理工作带来了严峻的考验。

（三）育人环境由学校变成了企业

学校、企业是性质完全不同的两种社会机构，他们有着各自的运行规律和追求目标，企业以追求利益为主要宗旨，学校以教书育人为主要目标。另外，企业中复杂的人际关系、紧张的生产活动、严格的企业制度都会使学生感到不适应，甚至出现排斥心理。校企合作模式要求学生在不同企业、不同工作环境以及不同工作岗位上进行实习、实训和实践，这些都会加重学生的不适应感。

（四）教育内容由重视理论变成了重视实践

顶岗实习是检验专业理论教学的重要手段，是提高学生岗位实践能力、使学生适应岗位工作需求的重要环节。顶岗实习要求学生在企业真实的工作环境下进行实习、实训和实践，通过实践锻炼来加强专业学习，提高专业技能。学生管理工作者应充分利用并紧紧抓住实习实训这一环节，对学生进行相应的教育，充分发挥和调动企业在人力资源管理和培训方面的优势。

二、当前校企合作模式下学生管理存在的问题

（一）学生管理主体认识模糊

从企业的角度来看，在校企合作模式下，企业不再是外在辅助，而是职业教育的重要组成部分之一，是职业教育成功的关键。受传统教育观念的影响，当前许多高职院校与企业建立了合作关系，但只是把企业作为教育的一部分载体，即把企业只当作学校产品（学生）的消费者，使企业处于被动地位。而真正的校企合作应该是全方位的合作，即企业要参与人才培养的全过程，不仅要为学生提供实习场所，还要参与选拔人才、制定课程、学业考核等，以充分体现企业的能动作用。

从学校的角度来看，高职院校在建立学生管理制度、学生行为规范甚至组织学生活动时，不仅要考虑高职院校学生这一群体的共性，还应

考虑高素质技能型人才的培养目标。一般来说，高素质技能型人才应具备必要的理论知识、丰富的实践经验、较强的动手操作能力创新能力、良好的职业道德等基本能力，并能解决实际生产操作难题。培养适应社会发展需要的高素质技能型人才是高职院校的基本职责，但是如果没有企业的参与，高素质技能型人才的培养就是一句空话。在现实中，不少学校管理者和企业都认为，思想道德素质教育和职业道德素质教育要在学校进行，企业主要负责提高学生的技能水平。这样的想法割裂了校企合作模式下高职院校与企业的内在统一关系。

（二）学生管理制度构建滞后

高职院校要根据学校自身的条件来重构办学模式，而不能为了形成某种模式而生搬硬套。近年来，在国家的大力推动下，各高职院校纷纷在办学模式方面进行了大刀阔斧的改革。有不少学校盲目跟风，不考虑自身情况，不仅在思想认识、课程、学制、管理、实习机制等方面没有充分准备，在学生管理方面也没有予以充分重视，其结果往往是学生苦、学校累、企业抱怨不迭。例如，学生一旦发现实习结束无法留下，就开始敷衍，不愿花时间、精力做好工作。有的企业出于与学校或个人的关系，接收了实习生，但并没有为实习生安排具体的工作。此外，由于实习生与用人单位双方存在责权不明晰等问题，一些企业，特别是中小企业不愿意接收实习生，以免承担巨大风险。所以，如果缺乏针对性和科学性的校企合作机制，在校企合作过程中也没有配套开展切实有效的学生管理工作，再多的企业实习对学生也是无益。

（三）学生管理越位与缺位

当前，在校企合作的过程中，合作协议的起草、合作机制的构建、合作步骤的实施、合作活动的安排，往往都以学校为主，由学校负责组织安排。学校是校企合作的"主角"，企业是"配角"，企业只是被动地配合学校的工作，学校的"越位"导致企业参与高职院校办学的积极性明显不高。

学校与企业缺乏有效联动，学生进入企业后，对学生的职业意识、职业道德、职业心理、企业文化等没有实施教育，对学生中出现的怕吃苦、不努力、动手能力不强的现象也没有很好地引导和解决。

三、校企合作模式下顶岗实习的学生管理

目前，校企合作的直接模式或最常见的模式就是学生顶岗实习。《关于全面提高高等职业教育教学质量的若干意见》中明确指出，高职院校要"大力推行工学结合，突出实践能力培养，改革人才培养模式"，要"积极推行订单培养，探索工学交替、任务驱动、项目导向、顶岗实习等有利于增强学生能力的教学模式"。顶岗实习的目的是检验学生综合运用所学专业知识解决实际问题、锻炼学生理论联系实际的能力。顶岗

实习也是培养学生的综合素质和使其更清楚地认识社会和了解社会的重要途径，不仅有利于高职学生的成长，还有利于学校教育教学的改革发展。增强顶岗实习的实效性，关键是要加强校企合作学生管理的有效性。校企合作模式下顶岗实习的学生管理，即重视顶岗实习前的学生管理、加强顶岗实习期间的学生管理、严格顶岗实习的考核评价。只有在这三个阶段都注重学生管理工作，才能确保校企合作开展人才培养的目标落到实处。

（一）重视顶岗实习前的学生管理

一些学生可能会对顶岗实习工作产生不理解，会有"为什么不是别人去顶岗实习""是不是学校从中得利""我们是不是被学校抛弃、放弃了的学生"等疑问，这就出现了思想教育跟着问题跑的被动局面。另外，还有一些学生在接到顶岗实习任务后踌躇满志，顶岗实习仿佛能够满足他们独立地开拓一片天地的愿望，但又感到自己缺乏核心竞争力，对即将面临的顶岗实习感到恐慌，"我要怎样才能做好"成了他们最大的困惑。

高职院校的学生管理工作者必须让学生明确顶岗实习的目的、意义和岗位要求，使学生站在更高的层面看待问题，指导学生从以往的学习经验中找出问题的答案。如果顶岗实习任务的下达对象是非毕业班的学生，教师要引导学生用理性的眼光看待问题，要让学生善于发现自身的优势，用积极的态度应对即将到来的顶岗实习。如果顶岗实习任务下达给了毕业班的学生，教师可以教育学生通过顶岗实习经历不断提升自己，引导学生要根据自己的实习状况决定是选择留下（或从事接近的工作），还是继续寻找更加适合自己的岗位。

（二）加强顶岗实习期间的学生管理

如果我们在顶岗实习前的教育工作做得充分，学生在进入企业之后，往往能够服从安排，遵守企业的纪律，乐于学习，掌握新岗位的技能。但是随着时间的推移，一些学生的新鲜感会出现消退，或者由于工作环境的复杂性和困难而产生退缩心理，觉得"目前的职业（岗位）没意思""没有干劲了""顶岗实习不过如此"。在这阶段，学生管理工作者要特别注重及时跟踪，适时开展思想教育，引导学生转变思想。在开展教育的过程中，学生管理工作者要特别注意学生的主体性地位，强调与学生的互动，建立平等的师生关系。

在学生管理工作中，教师应当注重贯彻以人为本的思想，及时发现学生在顶岗实习过程中的优点，肯定他们的付出，加强对表现优秀的学生的引导，发挥他们的先锋示范作用，加强正面激励，搭建教师与学生之间的桥梁。对于有思想困惑的学生，要深入他们的精神世界，促使他们思考在学校和在企业的差别，重新认识和了解现实环境，重新界定自己在顶岗实习中的角色。

（三）顶岗实习后的学生管理

学生结束顶岗实习返校后，学生管理工作者的很大一部分工作是对学生在顶岗实习期间的表现进行考核、评价、总结等，这是校企合作模式下学生管理的重要内容。学生管理工作者可采取总结报告、授课、座谈讨论、个别谈心、评比竞赛、上门慰问等方式，引导学生做好分析总结，并注意在今后的学习、工作中不断改进、提高。

四、校企合作模式下高职院校学生管理策略

制定校企合作模式下高职院校学生管理的策略，实质上就是要把高职院校校企合作的人才培养模式有针对性地迁移到高职院校学生管理中，构建基于校企合作的四大体系，即构建基于校企合作的全方位管理体系、学生管理制度体系、学生管理过程评价体系、协同管理体系。

（一）构建基于校企合作的全方位管理体系

在校企合作模式下，校企双方不仅要共同参与教学管理与实施，还要共同参与学生管理与思想政治教育等方面。一方面，必须建立以学校党政一把手和企业主管领导挂帅，教学和学生工作的主管部门领导，院（系）负责人组织实施，学生处、团委、辅导员、校内专业老师和企业指导教师具体落实的全员育人体系；另一方面，必须建立健全由学校和企业领导组成的校企合作领导小组、学校内部职能部门组成的校企合作

实施小组、各院（系）校企合作工作小组和合作企业校企合作管理机构组成的全方位的学生管理组织。

（二）构建基于校企合作的学生管理制度体系

为了提高高职院校校企合作模式下学生管理的有效性，必须建立适应校企合作要求的学生管理制度体系，主要包括以下几个方面：

第一，建立安全教育制度。在学生进入企业顶岗实习前，学校和企业要对学生进行安全知识普及教育，特别要注重培养学生的安全意识，让学生提前熟悉安全防护设施，了解企业操作流程，使学生对生产安全、劳动纪律、自救自护等方面有充分的了解，做到安全第一，防患于未然。

第二，建立学生顶岗实习制度。学校应与企业共同商定顶岗实习期间的学生管理制度，这样既可以规范学生的日常工作行为，又可以避免学生在实习实训期间出现"两不管"现象。

第三，建立定期联系、交流制度，学生到企业后，学校教师、班主任要及时对学生顶岗实习情况进行督促和检查，及时与企业技术人员（兼任教师）沟通、交流学生在实习实训过程中存在的问题，及时了解顶岗实习学生的心理和真实想法，切实帮助他们解决实习困难，进而提升实习实训效果。

第四，建立登记备案制度。在开展校企合作实践教学时，学校应将学生名单、企业、学生工作时间、管理办法、出现的问题等相关内容进行备案登记。这样有利于以后对这项工作进行监督和检查，也有利于为评价学生成绩以及改进学生管理工作提供资料。

（三）构建基于校企合作的学生管理过程评价体系

目前，高职院校学生顶岗实训评价体系存在不少弊端，如评价内容缺失、偏重终结性评价、评价主体单一、缺少过程性评价等，导致综合测评难以操作，评价流于形式。在校企合作模式下，要充分发挥和调动校企双方的育人功能，构建由学校指导教师、学生管理工作人员、企业技术人员和其他员工共同组成的多元考评机制，共同考评学生在校企合作中的综合表现，特别是要注重过程阶段性评价。同时，建立面向学校、企业校企合作工作人员和学生的三维激励机制，通过评优评先、发放奖金、择优聘用、事迹报告等形式，表彰奖励在学生管理中表现突出的各类学生管理人员，以充分调动各方面人员参与校企合作学生管理的积极性。

（四）构建基于校企合作的协同管理体系

要使校企合作模式下的学生管理产生最大效益，需要政府积极出台相关政策，充当学校与企业之间的"耦合剂"。政府可以建立校企双方均参与的第三方协同管理机构，协调处理校企合作过程中出现的各种问题。企业可以通过第三方协同管理机构，参与对教育教学质量的监控和管理；学校也可以通过第三方协同管理机构，将企业规范、行业标准、企业文化融入平时的教育教学过程中，增强学生对企业的认同感。政、校、企三方紧密协调，形成一套政府认可、学校推行、企业参与的科学合理的高素质技能型人才管理体系，提高学生对自我实践能力的自信心，从而提高学生管理工作的效率。

第六章　网络环境下高职院校学生管理的优化

现阶段，网络日益普及，对教育产生了很大的影响。网络既为学生管理工作创造了机遇，也给学生管理工作带来了挑战。对此，高职院校应积极研究网络环境下学生管理工作的方法和手段，提高学生管理工作的效率，引导学生健康成长。

第一节　网络环境下高职学生管理工作的创新

一、网络环境下高职院校学生管理工作的现状

在网络环境下，高职院校学生管理工作面临着新的挑战与机遇。

（一）网络环境下高职院校学生管理工作的机遇

1. 网络丰富了高职院校学生管理工作的方法和手段

网络为高职院校学生管理工作提供了更多的实践平台、开辟了更广阔的空间。网络平台把学生管理工作者从常规管理工作解放出来，有利

于学生管理工作者有更多的时间深入了解学生，提高学生管理工作的效率。

2. 网络增强了高职院校学生管理工作的及时性与便捷性

网络信息的及时性和便捷性，有利于高职院校学生管理工作者及时了解和准确掌握学生的思想动态、心理状况等，有利于实现师生之间无时空限制的有效沟通。

（二）网络环境下高职院校学生管理工作面临的挑战

1. 工作人员网络意识不强

负责高职院校学生管理的工作人员主要包括班主任、辅导员等直接管理人员和各职能部门相关工作人员、学院领导等间接管理人员。网络环境下，传统的高职院校学生管理模式与当今信息化的管理模式势必会出现冲突。受传统管理模式的影响，部分年长的学生管理工作人员对新的管理模式产生了一定的抵触心理，甚至认为信息化的管理模式会造成传统丢失，师生间的沟通桥梁坍塌。网络环境下，高职院校学生管理工作对计算机操作水平的要求较高，但部分学生管理工作人员缺乏网络意识，无法与时俱进，不愿意使用或不会使用信息化设备管理学生工作。

2. 网络的作用未能充分发挥

随着现阶段学生管理标准的提高及范围的扩大，学生管理工作已不仅仅局限于管理学生的学习成绩，特别是近些年社会日益重视高素质技能型人才，已经有越来越多的高职院校要求将学生在校期间的品行和信用行为情况记入档案，导致学生的档案管理工作更加繁杂，单纯的纸质化档案存储已然无法满足需要。虽然有部分高职院校近几年已经开始使用电子档案，采用学生管理系统对学生的各项在校数据进行管理，但受经验不足及管理能力有限等影响，高职院校学生管理系统设置得不够科学、不够合理，无法实现档案数据的及时性、准确性。此外，大部分高职院校仍未成立专门的数据收集整理部门，缺乏科学的管理体系和方法，导致数据准确率及完整性均比较差，无法充分发挥网络技术的作用，无法从根本上提高高职院校学生管理的工作效率。

3. 网络信息安全性不高

目前，部分高职院校学生对网络缺乏警惕性，在使用网络进行信息查询、信息交流及信息共享期间，未能快速识别网络陷阱，导致个人信息泄露。高职院校学生信息数据的泄露，大大增加了高职院校学生工作管理的难度。此外，部分高职院校网络建设、信息设备比较落后，存在一定的安全隐患，在一定程度上也增加了学生管理工作的难度。

二、网络环境下高职院校学生管理工作的创新措施

面对网络带给学生管理工作的挑战，高职院校学生管理者必须根据教育环境和教育对象的变化特点，充分理解网络的互动规律和学生管理

工作的运作流程，积极发挥网络的优势，采取多种有效手段，创新学生管理工作。

（一）利用网络平台，实现学生的自我教育与自我管理

当今，网络为学生的自我教育与自我管理提供了广阔的平台，学生管理工作者要充分认识到网络的便利性和重要性，让学生积极参与管理工作，实现学生的自我教育、管理、服务和成长成才。例如，可以建立班级信息化管理模式，建立班级微信群、QQ 群等供师生自由交流及提供建议。这样，学生管理工作者可以关注学生的细节和动向，加强思想教育，还可以通过学生干部传达学校信息。

（二）树立以人为本的管理理念

高职学校的教学目标是培养面向生产、建设、管理、服务第一线的技能型人才，而学生管理工作是实现学校教育目标的重要任务之一。所以，高职院校学生管理工作应该把学生放在第一位，在管理中要充分考虑学生的家庭背景、性格特点等，围绕促进学生的发展进行有针对性的、个性化的管理。

（三）创建积极向上的校园文化

高职学生的生活已经离不开网络，因此高职院校可以利用网络平台，依托校园网优势，建立专题网站，组织各种生动活泼、丰富多彩的网络

文化活动，如网页设计大赛、课件大赛等，开展网上教育、交流、讨论等活动，激发高职学生的网络学习兴趣，积极投身于健康的网络活动中。这样既能丰富校园文化的载体，也有利于学生管理工作的有效开展。

（四）网络环境下学生管理工作的队伍建设

一方面，要重视对学生管理工作人员的网络培训，通过培训，使学生管理工作者紧跟网络发展的潮流，掌握网络交流能力，正确理解网络人际交往的规律，熟悉网络的操作技术，真正、有效地将互联网作为学生管理工作的工具和手段；另一方面，要充分发挥学生干部在网络中的监督作用，培养一批时刻关注和关心网络动态的学生干部，在异常情况下，能第一时间向负责人反馈，将突发性事件的影响降到最低。

（五）监管网络文化，完善校园网站建设

高职院校学生管理工作者应当在技术层面对网络文化进行科学、有效的监督，可以安装计算机防火墙等网络软件，拦截不良信息，严格规范、约束学生的网络行为，还可以建立学生网站，创新学生管理模式，优化学生服务内容，改变以往教育网站内容枯燥、乏味的状况，进一步提高学生在网站上的浏览率，从而达到对学生进行科学、有效管理的目的。

面对网络时代的新要求，高职院校学生管理者势必要理清思路，创新管理模式，采取行之有效的管理措施，提高学生管理工作的效率，培养出符合新时代要求的合格高职院校学生。

第二节　大数据背景下高职院校学生管理

大数据的全面性、预测性以及个性化等特性不仅为计算机、电子商务等领域创造了巨大的利益，同时也为优化学生管理工作提供了新的路径。高职院校学生管理对象个体差异大，管理内容较为复杂，单纯依靠传统管理模式难以满足时代发展需求。大数据技术的发展不仅可以有效提高学生管理效率，还可以促进个性化管理的实现，利用大数据技术推动高职院校学生管理工作的优化是未来发展的趋势。

一、大数据背景下高职院校学生管理工作的问题

大数据不仅为学生管理工作注入了新的元素，也对学生管理工作提出了新的要求。一方面，随着大数据技术的发展，部分传统管理模式下学生管理工作中存在的问题可能得到解决；另一方面，随着数字设备与网络资源的普及，管理人员和学生不满足于原有的学生管理模式，对学生管理工作提出了新的要求，即学生管理工作的优化问题。

（一）信息收集不全面

通过调查发现，大多数高职院校的师生比超过 1 ∶ 20，有些甚至超过 1 ∶ 30，负责学生管理工作的人员数量则更少，而学生管理工作的内

容广泛、程序繁杂，工作人员的任务较重。加之思想观念和技术手段的限制，现有的学生管理工作人员很难收集到较为全面的信息，具体表现为以下几个方面：

首先，在对评优管理的调查和分析中发现，大多数高职院校采用学习成绩与课外活动相结合的评优标准，虽然不同学校、不同学院设置的分值比例有所不同、但大体上可以兼顾学生课内外的表现，能够在一定程度上促进学生的全面发展。但也有部分学生认为学校的评优标准比较重视学生成绩，而对学习过程和学习态度等内容的考察比较少。在活动方面，有一半以上的学生认为学校的评优标准比较注重奖项，而忽视学生在活动中的态度和努力程度等因素。可见，目前高职院校在评优过程中依然以结果性指标作为主要的评审标准，收集的过程性信息较少。

其次，在心理健康管理调查中发现，大部分高职院校设置了心理咨询中心，并开设了心理健康教育课程，但这些机构和课程的实际效果并不明显。部分学生表示，产生焦虑、抑郁等不良情绪后，不愿寻求老师或咨询中心的帮助。有很多学生认为，心理健康课程对自己心理状态改善不明显或意义不大。可见，学校设置的机构和开设的课程在学生中的认可度不高，试图通过这些方式来获取学生真实心理状态信息的可能性相对较小。

最后，通过心理测验，可以了解学生的心理状态，发现学生的心理问题，从而对学生进行适当的心理指导。但是高职院校进行心理测验的时间间隔较长，每学期的心理测试次数少，而且学生对心理测验的态度不够认真。大多数高职院校只把心理测验用于初步筛选，信息的完整性较差。

（二）决策依据主观化

决策是管理者识别并解决问题的过程或者管理者利用机会的过程，优质的决策有利于组织绩效的提高。决策的主体是管理者。

美国著名管理学家弗雷德里克·温斯洛·泰勒表示，优质的管理是用科学方法代替经验方法的过程，信息资源可以作为方法科学化的最有力的支撑。管理者在决策时离不开信息资源，信息资源的数量和质量直接影响管理者的决策水平。因此，管理者在决策之前及决策过程中要尽可能地通过多种渠道收集信息。但在传统的学生管理模式中，理念以及数据加工方式的限制使决策依据存在一定的主观性。

在评优管理调查中，发现大多数学生对现有的评优标准比较满意，但对个别项目的满意程度相对较低，而影响满意度的重要因素之一是管理过程的公平性和灵活性。其中，大多数学生认为自己了解学校进行学生评优的具体标准，并相信学校能够严格按照评价标准进行评优，可见评优的标准和过程基本可以实现客观化和公正化。

在评优参与情况调查中，大多数学生表示曾经参与过自己或者他人的评优过程，并在评优过程中可以做到主体多元化，评价主体一般为教师和学生。大部分学生对评价过程表示满意，可见大部分同学对学生管理工作的评价较高。

（三）资源利用效率低

按照科学管理理论的观点，科学化的管理方式可以提高管理效率，从而实现更优质的管理，而科学化的基础和前提是对信息资源的充分利用。据统计，高职院校校园中的电子服务设备以及网络资源已基本普及，但这些服务设备和网络资源的利用率并不高。

调查中发现，高职院校为学生准备了较充足的教学资源，如各种专业数据库、学习网站的链接、学习软件的链接等，但经常使用这些资源开展学习的学生数量较少，部分学生按照学校或者老师的要求利用网络资源开展学习，只完成教师留的作业，利用课余时间学习其他内容的情况较少。可见，高职院校网络学习资源的利用率有待提高。

在生活管理的调查中发现，大多数学生愿意在寝室门禁处、食堂、浴室、图书馆等地方使用校园一卡通等电子设备，他们认为电子设备的使用可以为生活提供更多便利。可以看出，电子服务设备在高职院校已基本普及，学生的认可程度也较高。这些设备在使用过程中会生成大量的数据，其中蕴含着不少有价值的信息。而调查发现，很少有学校对这些信息资源进行再加工和处理。

在实习和就业管理方面，学校虽搭建了相应的管理平台，但存在信息更新不及时、网络系统无人维护等问题，导致系统平台的利用率较低。仅有少部分学生表示听说或使用过学校的实习管理平台。在调查中了解到，实习信息主要由辅导员在 QQ 群或微信群发布，学生获取信息较为及时、方便。相对而言，就业管理平台的使用率要高一些，学生们也纷纷表示学校的就业管理平台是他们获取就业信息的主要途径，并且一半以上的学生对平台的信息更新表示满意。

（四）管理反馈滞后性

管理反馈是目标管理程序中非常重要的一个环节。所谓管理反馈，是指管理者为保证及时、高效、准确地完成组织、计划、任务，必须及时了解系统外部环境的变化及系统自身活动的进展，及时、准确地掌握系统环境的变化和系统状态的变化。学生管理作为学校管理的重要组成部分，关系到广大学生的学习和生活。所以，无论是对学校，还是对学生个人，反馈都十分重要。但在调查过程中发现，学生管理的反馈却并不理想。

在调查中发现，大多数高职院校仍以传统的教学方式为主，即以教师为主导的传授式教学，这种方式能够保证知识传授的系统性和完整性，但师生之间交流较少，教师可能无法准确地了解学生的实际情况。而大数据背景下的教学活动是由教师和学生共同完成的，师生互动的状态与程度是决定学习效果的重要因素。

根据调查结果了解到，很多学生在实习过程中经常存在迟到、早退或旷工的现象，在实习过程中很难做到与实习教师及时沟通或得到指导，甚至有些学生认为自己的合法权益无法得到保障。从调查结果可以看出，在实习过程中，学生、企业以及学校之间交流不畅，信息反馈不及时，使问题无法得到及时解决。

人本管理理论强调要重视人的需要，通过认识人的需要去实现对人的管理，通过促进人的需要的满足去实现对人的管理。在学生管理调查中，学生对生活管理的反应较为强烈。其中，有将近一半的学生认为现有的寝室、食堂、浴室等日常生活服务不能满足学生需求，并列举了许多不足。在学校对学生生活和心理信息的掌握情况方面，有学生认为，学校很少关注学生的就餐次数、就餐费用等情况的变化。有部分学生认为学校无法及时了解自己内心的想法，也不能提供有效的帮助。良好的沟通是保障管理工作顺利进行的根本。在调查中，有一些学生认为学校根据学生的反映和意见做出调整的情况较少。可以看出，学校对学生的生活状态和心理状态了解较少，难以及时发现学生生活中出现的问题和困难，影响了反馈效果。

（五）缺乏个性化管理

标准化与个性化是学生管理不同层次的要求，标准化是学生管理基础层次的要求，个性化是学生管理更高层次的要求。学生管理标准化是有必要的，但更需要个性化。我们在调查中发现，在高职院校现有的学生管理工作中，个性化管理较少。

通过对学习管理的调查发现，大多数学生对教师讲课的难度和速度比较认可，但也有部分学生认为自己很难适应教师讲课的难度和速度，认为自己在掌握知识点或完成作业等方面存在困难。高职院校学生来源广、知识基础差异大，统一的教学方式难以满足全部学生的需要，但目前单纯依靠课堂教学实现个性化管理的可能性比较小。

在实习和就业管理方面，一些学生对自己的就业方向并不明确，对自己的个性特征和职业特长认识不够充分，可见部分学生对自己的优势和职业规划比较迷茫。高职院校中普遍存在实际实习岗位与在校期间所学专业不相匹配的现象，而大多数学生认为实习岗位与所学专业相匹配是很有必要的。此外，学校提供的就业指导和职位推荐缺乏针对性。可见，学校虽然在学生的实习和就业过程中积极提供信息和服务，但由于每个学生的情况不同，部分学生的职业规划不清晰，面对大量的信息无法进行加工处理，急需个性化管理方式。

通过对调查材料的整理发现，大部分学生会根据自己的情况，制订个性化的学习和生活计划，并按时完成相应的任务，说明大部分学生具有一定的管理能力，而且执行自己制订的个性化计划的积极性比较高。在访谈过程中了解到，部分学生认为目前的学生管理工作没有贯彻以学生为本、全面育人、个性化等理念。

二、大数据背景下高职院校学生管理的改善对策

大数据技术对学生管理提出了新的要求，同时也提供了解决问题的新思路。以产生问题的原因为出发点，在科学管理、目标管理以及人本管理理论的指导下，结合大数据背景，探索解决信息收集不全面、资源利用效率低、管理反馈滞后、缺乏个性化管理以及决策依据主观化等问题的对策。

（一）加强信息化建设，提高学习管理效率

大数据背景下，学生学习管理信息化建设的设计思路如下：

第一，学习内容和方式的数字化。我们在调查中了解到，仅依靠传统的学习方式，难以满足学生发展的需要，大数据技术的发展为学习资源的数字化提供了技术支持。学校可通过信息采集获得学生对哪些内容感兴趣、以何种方式进行学习、花费的时间等数据，以真实地了解学生的学习情况，并为接下来的分析工作奠定基础。

第二，数据深加工，挖掘隐含价值。人本管理理论提倡的挖掘人的

潜能的观点依赖对学生情况的充分了解，结合管理过程中存在的资源利用率低等问题，数据深加工可在一定程度上提高资源的利用率，为决策和开发提供依据。学生学习过程中生成的数据隐含着学生的性格特点以及学习方式等信息，具有较大的价值，学校可以运用相应的储存技术、数据挖掘技术以及可视化技术挖掘其中隐含的价值。

第三，实现个性化学习。人本管理理论认为，优质的管理应以人为本，满足不同学生的需要。所以，个性化学习是学习管理系统的重点内容。了解了学生的学习特点和行为习惯后，可根据个人情况推送相应的学习内容和资源。在线学习和数字资源的应用使个性化学习成为可能。在个性化学习过程中生成的数据，一方面可用于对本次个性化教学进行评价，另一方面可以作为了解学生此时的学习状态的依据。

根据高职院校学生的课业特点以及认知发展规律，高职院校学习管理信息化建设可分为以下四个方面：

第一，学习应用。该系统主要整合高职院校学生学习的不同方式，并对不同方式产生的学习信息进行量化，以数据的形式进行输出，为数据库建立提供信息来源。同时，学习应用区可以根据反馈信息为学生提供学习内容或个性化指导方案，从而实现高职院校学生学习的良性循环。学习应用区可提供课堂学习、在线学习、在线考试、查询与反馈以及学习指导等。

第二，数据整合。把学习应用区、资源管理区和系统管理区的数据整合到学习管理数据库中，并将这些数据上传至云管理数据库，与其他系统获取的数据融合，从而实现数据共享与云存储。云管理数据库是一个综合性整合平台，除了学生的学习数据，还包括学生的生活、健康、就业等信息。云管理数据库是一个全方位、立体式的学生管理平台，在避免信息孤岛的同时，也为数据分析奠定了坚实的基础。

第三，数据处理。该系统主要通过数据挖掘等分析手段探索数据之间所隐含的关系，以了解学生实际学习的情况、分析学生的性格特点以及学习特征。其中包括利用数据筛选和数据剔除对数据进行修正，利用可信赖数据对数据进行修正，构成相关联数据的集合。数据处理是应用大数据技术实现个性化学习的重要组成部分。

第四，个性化方案制定和实施。数据挖掘生成的结果需要通过可视化技术的处理，才可以使数据中隐含的意义显现出来。目前，在教学中应用的数据可视化技术主要有：Visual Eyes 在线可视化编辑工具、Google Trends 揭示数据关系、Many Eyes 可视化工具的在线社区。

（二）促进学校、企业和学生交流，完善实习管理流程

实习管理工作内容较为琐碎、复杂，涉及学生、学校和企业三方，单纯依靠传统的提交申请、审批、考核等实习管理程序，难以满足时代发展的需求。结合大数据的发展趋势，整合学生在实习过程中生成的信

息、学校信息、实习企业以及指导教师的相关信息，可以为学生的实习活动提供更多的信息，从而实现高职院校学生管理的规范化、自动化、网络化以及信息化。

大数据背景下，实习管理流程的设计思路如下：

第一，提高实习管理的效率。不少高职院校仍以纸张传递信息的形式进行实习管理。这样，不仅信息传递时间过长，不能及时地发挥作用，而且在传递过程中容易出现错误和疏漏。依据科学管理理论提出的科学管理体制创新是提高劳动效率的关键。构建网络管理系统，可以减少信息传递的时间，在发现错误时也可及时修改。

第二，借助网络实现实时交流。目标管理理论认为，及时进行目标评估和反馈是任务顺利完成的重要保障。在传统的管理模式中，学生进入企业实习后，学校对学生的实习表现、企业提供的指导了解较少，监管的力度有所下降。通过网络，学校可以及时地了解学生的实习表现、企业对学生的评价等情况，从而增加了实习的透明度。

第三，收集更多的信息和数据。针对信息收集不全面的问题，可以在工作过程中将实习申请、工作总结、实习成绩等内容进行整理、上传，并通过网络进行监督。大数据技术不仅可以提供便利，还可以收集大量的数据，这些数据是学校了解学生动态、评价管理模式的基础材料。

依据学生实习的流程，一般可以将大数据背景下实习管理流程分为以下五部分：

第一，实习申请管理。学生可以通过账号和密码登录学校的实习管理平台，管理员会将审核过的企业实习信息发布到平台上，学生可随时进行查阅并提交实习申请，审核通过后，可以在网络平台上进行岗前培训，准备实习。

第二，顶岗实习管理。由学生和企业指导教师记录，学生要写实习日志和实习报告书，并将其上传至系统，指导教师主要负责查看实习报告书并上传实习考核表，从而实现对学生实习的过程化记录。

第三，实习总结管理。学生撰写实习总结，教师进行审核。学生主要负责提交实习总结和上传相关附件，也可对提交的总结进行审阅，教师审核学生提交的总结和附件，审核通过后可以确定结束实习。

第四，评价教学管理。学生和校内教师分别做出评价，学生主要评价校内教师和企业指导教师，校内教师主要评价学生和企业指导教师，这种多元化的评价方式有助于优化实习管理。

第五，实习成绩管理。学生和教师均可通过账号和密码登录进行查阅，既可以看到学生的实习成绩，还可查阅到实习企业给出的鉴定，从而对实习过程有更为深刻的认识。

整合以上五个部分的信息和数据，将其分别汇入实习申请数据库、实习过程数据库、实习评价数据库以及实习成绩数据库，并将这些数据库上传至云管理数据库，为其他方面的管理和服务提供资料。

（三）注重过程性评价，丰富评优管理内容

大数据背景下的过程性评价具有以下特点：

第一，可行性。目标管理理论认为，建立完善的目标管理体系有助于目标的实现。同样，在评优管理系统中制定具体的、可行的过程评价标准也有助于评优管理的优化。过程性评价能够发挥作用的前提是评价切实可行，一方面，要求评价指标具有可操作性，并符合学生的发展规律以及管理原则和目标；另一方面，要求评价实施过程有严格的流程。

第二，多元性。在调查中发现，现有的评优管理中存在评优手段单一、评价主体单一等问题，以此为出发点，在构建评优管理系统时，要注意以下两方面：一是评价主体多元化，可以由教师、管理者、同学等来进行评价；二是评价方式多元化，可以包括他评、自评、互评以及数据直接形成的评价。

第三，及时性。针对管理反馈滞后等问题，评优管理系统注重信息收集的实效性。及时、有效的评价可以为决策提供依据，也可以帮助学习者调整自己的行为。

第四，导向性。人本管理理论认为人具有不断自我发展和完善的潜能。高职院校学生具备自我管理的能力，但需要指引和帮助，优质的评优管理可以作为学生发展的导向。评价的目的是了解学生的情况和为决策提供依据，对学生而言，评价本身就有激励作用。在实施过程性评价的过程中，要注重导向作用。

以人本主义管理理论为基础，过程性评价的实施过程包括评价指标制定、开展活动评价、数据收集与处理、结果生成与反馈四个部分。

第一，评价指标制定。良好的评价要以具体、具有可操作性的评价指标作为基础。首先需要查阅相关文献资料，结合本学校的特色进行影响因素分析，在管理目标和管理原则的推动下确定备选指标。相关专家、教师和管理人员通过专家调查、层次分析和模糊分析等方法确定一、二级指标及权值，建立过程评价指标体系。

第二，开展评价活动。以学生本人、教师、其他学生以及数字设备作为评价主体，分别采取自我评价、他人评价以及量化比对的方式进行评估。评估的信息主要包括：学习信息（学习内容、学习时长、学习时间段），设备信息（学习材料、学习媒体、学习方法），交流信息（讨论话题、讨论时间、讨论次数、答疑情况、意见反馈），结果信息（测验成绩、平时作业、实训操作、设计展示）。

第三，数据收集与处理。在学习过程中，将收集到的数据分别导入自评数据库、教师评价数据库、学生互评数据库以及设备导入数据库，作为数据分析的原始材料，运用数据聚合、数据修正、数据挖掘和可视化技术处理，使数据间的关联显现出来。

第四，结果生成与反馈。数据处理后的结果可分为学生自评分析结果、教师评价分析结果、学生互评分析结果以及总结数据分析结果。这些结果将分别反馈给学生、教师和管理者，为相关学习和工作的改进提供依据。同时，要对过程评价系统不断地进行改革和完善。

（四）整合多元信息，优化生活管理决策

大数据技术以其独特优势，为高职院校学生日常生活管理优化提供了新的路径。高职院校学生日常生活管理优化要注意以下三个出发点：

第一，便捷学生生活。依据人本管理理论中以人为本的观点，学生管理工作的出发点和最终目的都是为学生提供更好的服务、促进学生的全面发展。所以，在优化过程中应当优先考虑学生的实际需求，把为学生提供便利作为高职院校学生日常生活管理优化的出发点。

第二，了解学生动态。管理反馈滞后的问题在生活管理方面更为突出。学生人数众多、性格各异，每个学生的特点不尽相同，而且会随着时间的推移而不断变化。高职院校学生日常生活管理者应该了解学生的实际情况、关注学生的实时动态，这样才能制定出更合理、更有效的管理方案。

第三，决策有据可依。针对决策依据主观化的问题，在设计管理系统时，要更加注重对信息的收集和利用。大数据技术使得原有单纯依靠经验而进行的决策很难满足学生管理的需求，需要更客观、更真实的依据。数字设备在管理过程中生成的数据正在成倍增长，这些数据都可以转化为提高决策可靠性的有力依据。

不少高职院校为加强管理和方便学生，推行校园一卡通。学生在学校的多个地方使用校园一卡通，十分便捷。大数据技术与学生日常生活管理的结合正是利用校园一卡通收集到的数据实现的。这样可以节省数据收集的成本。整个过程可以分为四个部分：信息收集、数据整合、数据处理以及结果应用。

第一，信息收集。高职院校学生日常生活管理数据的来源主要有三方面：一是学生的基本信息，可从学生档案或者云管理数据库直接获得。二是学生在使用校园一卡通过程中生成的数据，根据活动范围不同，可划分为若干个子系统，包括：食堂管理子系统、消费管理子系统、医疗管理子系统、浴室管理子系统、信息查阅管理子系统、电子阅览室管理子系统、图书借阅管理子系统、门禁管理子系统、水电管理子系统、银行转账管理子系统。三是附加信息，部分信息无法通过以上两种方式获得，需要单独进行收集和录入。

第二，数据整合。把收集到的各个子系统的数据汇总在一起，其中会有不完整或者错误数据，需要进行清理和整合。一方面，需要利用相应的技术手段进行数据筛选和数据提出；另一方面，需要利用可信赖数据对汇总后的信息进行完善。然后，根据数据的应用范围，将其划分为学生数据库、管理数据库以及活动数据库。

第三，数据处理。利用数据挖掘等技术探索数据库中以及不同数据库之间的关联，了解学生日常生活的动态和不同行为之间的关系。例如，可以了解学生的活动频率、学生的消费水平，可以进行男女同学消费差异分析、学生阅读兴趣分析、学生消费偏好分析等，探索不同经营模式对学生行为的影响、不同宣传形式对学生阅读的影响、食堂调整对学生满意度的影响等。

第四，结果应用。数据处理的结果，一方面可以帮助管理者及时、准确地了解学生在校园生活中的状态，可以通过设定预警值监控近期生活波动较大的学生，并提示管理者及时了解具体情况；另一方面，大量的数据资料可以作为决策的依据，提高决策的可靠性，促使学生管理工作不断发展。

（五）构建预警机制，提升心理健康管理时效性

近几年，心理问题引发的校园伤害事件频发，促使越来越多的人关注学生的心理健康问题。随着管理目标的更新，学生的心理健康已经成为衡量人才培养质量的重要指标之一。但是，各种条件的限制，使得现有的心理健康管理显现出一些不足。例如，学生心理检测的时间和方式比较单一，大多依靠量表和问卷进行，学校不易发现学生的实际问题。心理教育大多采用统一进行思想教育的形式，缺少针对性，部分学生在出现问题之后才引起学校管理人员的注意，缺乏管理主动性。大数据技术可以用于解决高职院校学生心理健康管理存在的部分问题，为优化管理提供新的路径。

针对高职院校学生心理健康管理存在的问题及其原因，大数据背景下优化高职院校心理健康管理要注意以下几点：

第一，全面了解学生的心理状态。在调查中发现高职院校学生心理健康管理存在严重的信息收集不全面的问题。在传统管理模式下，由于统计方法的限制，收集全部数据耗费过多，采用抽样法会存在一定的误差。而现代技术的发展使得在较短时间内收集和整理数据成为可能，将其应用到学生心理健康管理方面，可以收集全部学生的数据、了解全部学生的心理状态，使学生心理管理面向全部学生。

第二，借助行为表现，了解学生的心理动态。人的心理可通过行为表现出来。学校可以对学生行为进行较全面的监测，进而洞悉其心理变化，通过学生的行为了解学生心理，要比直接进行心理测量更真实可靠、更具可操作性。

第三，设立预警机制进行预测并干预。预测是大数据最核心的应用，在商业领域已经发挥了巨大作用。探索大数据在高职院校学生心理管理中的预测应用，有助于调动管理的主动性，及时发现问题并及时进行干预。

应用大数据技术的高职院校学生心理健康管理系统包括安全运行监管机制、预警机制、应急响应机制以及风险管理等项目，具体的过程可分为完善心理数据收集体系、数据加工和处理、利用预警指标进行提示、干预和监控等四部分。

第一，完善心理数据收集体系。根据学生的心理特点，采取心理测评和行为监控并行的方式。学生档案数据的引入有助于学校了解学生其他方面的情况，从而进行更为深入的心理分析。为防止对数据的过分依赖，增添了人工评价功能。具体的数据来源包括用户管理、学生档案、心理测验、心理咨询、日常行为、人工评价。

第二，数据加工和处理。在这一过程中，主要应用大数据技术对心理相关数据进行整理和处理。收集到的大量数据首先可根据来源或应用范围不同进行划分，建立用户数据库、档案数据库、咨询数据库、测试数据库、行为数据库、评价数据库。然后经过数据预处理、挖掘数据集合等过程显示分析结果，并进行结果评估和比较。

第三，利用预警指标进行提示。采取经验法与数据分析手段相结合的方法，制定鉴别心理问题的指标和可能发展成为心理问题的预警指标。预警指标可以是单一数据的阈值，也可以是两个或者多个数据之间的相关值。然后，根据不同的预警指标对不同的数据信息进行筛选，未达到预警指标的不予提示，超出预警指标的，系统会主动提示管理人员并呈现该学生的个人信息以及数据处理结果。

第四，干预和监控。接到系统的提示之后，管理人员首先核对该学生的信息和资料，若与系统提示的情况不符，可根据实际情况进行调整。核对无误后，要与该学生进行沟通，判断该学生是否产生心理问题，并根据学生的实际情况提供有针对性的帮助和干预。干预的效果以及学生的改善情况可以依据学生再次生成的大量数据进行评价。

（六）提供个性化就业服务，提高就业管理质量

大数据背景下，高职院校就业管理优化的出发点有以下几方面：

第一，就业信息更新的及时性。在调查中了解到，大多数高职院校在学校网站中建立了就业管理模块，但信息更新不及时，使得部分院校就业网站的浏览率较低。所以，在大数据背景下优化就业管理，首先要保证就业信息的广泛性和及时性。

第二，就业指导和职位推荐的针对性。在就业管理过程中，要根据学生所学专业、爱好以及近期检索的职位特征，进行有针对性的就业指导和职位推荐，这样既可降低时间成本，也可发挥信息资源的价值。

第三，就业过程的追踪性。在现有的就业管理模式下，学校大多为学生提供招聘信息，后续的参与较少。大数据背景下的就业管理系统应促进学校、学生和企业三者在整个就业过程中的联结，学校既是监管者，也是受益者，应提高学校在学生就业过程中的参与度。

结合现有高职院校就业管理的不足与大数据的特性，对大数据背景下就业管理流程进行优化，可将其分为四个部分，包括信息管理、个性化服务、数据收集与处理、监督与反馈。

第一，信息管理。学生和用人单位通过注册、登录进入就业管理系统，

首先要录入相关的基本信息，待管理人员审核通过后，即可在系统中查阅到对方的基本信息。用人单位发布的用人信息在通过管理人员的审核之后，才可以发布到该系统中。此外，在数字设备的帮助下，经过审核的数据资料分别输入到学生信息数据库、企业信息数据库以及用人信息数据库中，成为后期数据分析的材料。在这一过程中，管理人员主要的职责是监督和管理双方的信息，确保其真实、可靠。

第二，个性化服务。利用云管理数据库汇集的学生个人数据（包括学生的专业、成绩、图书馆借阅信息、参与社团活动情况、网页浏览记录、个人用餐和进出寝室等信息），分析学生的性格特点、专业技能、偏好活动方式、兴趣、爱好、特长等信息，对学生进行有针对性的就业指导，再结合学生的求职要求与用人单位的招聘需求及匹配程度，为学生推送与之相对应的工作。

第三，数据收集与处理。该流程在促进学生与用人单位相互了解的同时，还可收集大量与学生择业过程有关的数据资料，使学校及时掌握学生的择业需求以及企业的关注点，为就业管理的改革提供依据。

第四，监督与反馈。监督管理是该流程的重要职能，能够在保障学生和用人单位利益的同时，使学校掌握本校学生的就业情况。在管理过程中输入大量的数据，这些数据经过处理，可应用于个性化就业指导和职位推荐，也可以上传至云管理数据库，成为其他管理的数据基础。

利用大数据进行个性化就业指导和职位推送，要注意以下几点：第一，数据处理为就业管理服务，必须密切联系学生实际情况。数据来源于学生，是辅助了解学生的一种手段，并不能代表学生的全部，在应用过程中要注意合理地利用数据，在发挥数据价值的同时，还要关注学生的实际情况。第二，要在实际工作中反复检验就业管理流程的功效，发现不足，应及时修改。

第三节　"互联网+"视角下高职院校学生管理

一、互联网应用在高职院校学生管理中存在的问题

（一）学校互联网应用率不高

从高职院校目前的情况来看，校内各部门的管理信息以及数据资源类型、来源不统一，这种情况导致本来可以共享的数据很难自由流通。与此同时，学校各部门应用的系统存在不兼容的情况，表现为学生基本信息数据无法通用，需要工作人员在不同的管理平台重复录入。此外，学校的网络资源管理水平较低，一些资源内容较为陈旧，无法和现有的学生专业学习情况进行有效整合，导致学生对互联网的应用率较低，影响学生管理效率。

（二）互联网增加了学生管理的难度

从学生管理的层面来说，互联网的应用增加了学生管理工作的难度与复杂性。互联网的出现，导致网络与高职院校学生的学习与生活之间的联系越来越紧密，互联网中的一些负面信息必然会给高职院校的学生管理带来新的挑战。随着互联网技术的发展，不良信息变得更加复杂，

形式也更加多样化，且具有一定的隐蔽性和欺骗性，对高职院校学生产生了一定的负面影响。这些都给学生管理工作带来了困难。

二、"互联网＋"视角下高职院校学生管理的优化策略

（一）营造"互联网＋"的应用氛围

1. 强化学生管理者的管理意识

"互联网＋"在高职院校学生管理中能否发挥自身的优势，与学生管理者的管理意识强弱有着必然的联系。"互联网＋"视角下的高职院校学生管理优化，需要管理者树立平等的沟通理念，要求学校的管理者、教师以及其他工作人员全员参与。互联网的特殊性，决定了互联网使用主体的平等性，也决定了学生管理者应平等地与学生进行对话和沟通。除此以外，还应树立发展的理念。学生管理工作不仅是班主任或者辅导员的工作，其他教师，乃至其他工作人员也应担负起相关的责任，学校的不同工作人员在学生管理工作中扮演的角色是有区别的。互联网是不断发展变化的，这就要求学生管理者在对学生进行管理的过程中，要用发展的眼光看待问题，不断地优化管理策略。

2. 创建积极向上、主题鲜明的校园网络文化

校园网络文化是校园文化在网络环境下形成的文化形态。在互联网对高职院校的影响越来越深的形势下，如何创建积极向上、主题鲜明的

校园网络文化，也是"互联网+"视角下优化高职院校学生管理必须关注的重要问题。

高职院校学生的日常生活、学习以及娱乐等都与互联网有着密切的联系，在创建校园文化的过程中，互联网的影响也越来越深远。学生管理工作者要确定校园网络文化目标，有计划、有步骤地推动校园网络文化的建设与发展。例如，可以通过校园网建设，树立本校学生管理部门的良好形象；通过校园网论坛管理员以及其他学生网络团体，营造和谐、团结的环境氛围，实现高职院校发展与学生发展的双赢。

3. 加大对校园网技术的投入

在"互联网+"视角下，高职院校学生管理的优化离不开技术的支持。从高职院校的情况来看，目前的工作重点是要加大对校园网技术的投入。网络技术的快速发展与"互联网+"之间有着密切的联系，网络技术的发展必然会对高职院校的校园网的硬件设施提出更高的要求。从这个层面出发，高职院校应根据学校的实际情况，加大对校园网技术的投入力度。

高职院校应以校园网现有的情况为基础，加大对学生管理的力度，在校园网络建设方面贯彻学生管理的全过程。简单地说，学校应将学生管理纳入校园信息化管理中，进而发挥"互联网+"在高职院校学生管理中的优势。对校园网技术层面的投入，除了要购进硬件设施，还要完善与学生管理相关的管理技术，加大对管理技术的培训。例如，在加强与学生网络交流互动的同时，通过培训的方式引导学生管理工作者有效地发挥校园网的作用，帮助学生形成积极良好的网络应用理念与行为习惯，从根本上提高学生管理工作的有效性。

（二）促进学生管理的科学化

学生管理科学化是高职院校学生管理工作一直遵循的原则。在"互联网 +"视角下，高职院校学生管理的科学化，即在具体的学生管理工作中，结合现有的网络技术和网络应用情况，优化学生管理工作的体制与相关机制。

1. 学生上网目标与结果管理的规范化

"互联网 +"视角下，学生管理的规范化必然不同于传统的学生管理规范化。高职院校需要结合"互联网 +"视角下学生管理科学化的内容，来对学生管理实施规范化，其重点是学生上网目标与结果管理的规范化。总体说来，应以现有的法律、法规以及规章制度为基础，结合政策引领、舆论宣传等多种不同的方式来引导学生的网络生活，促进学生健康发展，发挥网络技术在高职学生个人成长与教育方面的积极作用。此外，还需要进一步调整现有的规章制度中与"互联网 +"应用不符的相关内容，通过制度规范化的方式来实现分工协作，推动"互联网 +"视角下学生管理工作的开展。

2. 学生上网目标与结果管理的精细化

"互联网＋"视角下学生上网目标与结果管理的精细化，是以高职院校现有的"互联网＋"对学生学习与学生管理的影响为基础的，强调的是针对学校现有的互联网层面的学生管理工作中存在的突出问题而采用相应的解决对策，结合互联网的优势，全面提升学校学生管理工作的水平。充分利用"互联网＋"在现有学生管理工作中的优势，进一步细化学生管理工作，如高职院校的很多学生喜欢发朋友圈、玩游戏等，在具体的学生管理中，应以这些实际情况为基础，通过设置网络观察员的方式关注学生的网络生活。网络观察员可以通过网络社区、论坛、QQ以及微信等不同的方式了解学生的网络生活，第一时间追踪学生的思想动态与行为方式，及时对学生进行有效管理，促进学生管理工作的精细化。

3. 学生上网目标与结果管理的个性化

"互联网＋"视角下的高职院校学生管理优化，还应关注学生上网目标与结果管理的个性化，学生管理的个性化也是学生管理科学化的内容之一。学生的管理工作应始终贯彻人本管理的理念，发扬高职院校学生的个性，从互联网应用层面来推动学生的全面发展。人本管理理念强调的是"互联网＋"视角下的人本管理理念。

高职院校在开展"互联网＋"视角下的学生管理工作时，应全面贯彻人本管理。首先，要发挥互联网在学生专业学习方面的优势，应以学生的具体学习情况为基础，关注学生在专业学习中面临的共性问题与个性问题，通过互联网技术的应用来提升学生的学术水平和工作能力，使学生成长为复合型人才，推动学生全面发展。其次，应积极发挥本校学生干部在网络中的作用，如可以通过论坛版主以及群主身份发挥互联网技术在学生管理中的作用，通过学生干部的带头作用进一步提升学生管理工作的水平，学生干部和学生联系较为紧密，能够起到良好的带头作用。最后，学生管理工作者还要多通过 QQ、E-mail、微信等方式与学生加强交流，对发现的问题采取有针对性的解决对策，关注学生的个性化发展，推动学生全面发展。

（三）提高队伍的整体素质，提高互联网应用效率

1. 提高管理队伍主动获取信息的能力

正确理解网络社会的人际互动规律，熟悉网络相关的技术操作，真正、有效地将互联网作为学生管理工作的工具和手段，是一个学生管理工作者应具备的基本素质与能力。目前，高职院校的学生管理工作采用的最多的方式是发布公共信息和通知。除此以外，还可以通过学校主页对学生进行管理。"互联网 +"视角下高职院校学生管理工作的优化，要求管理队伍加强获取信息的能力，只有这样才能有针对性地对学生管理中所面临的各种情况进行细致的分析，为学生管理水平的提升奠定基

础。简而言之，高职院校应通过培训或者会议交流等途径，不断提高管理队伍在主动获取信息方面的能力。

2. 强化对管理队伍的培训

建立选拔制度，提高高职院校学生管理队伍的业务能力。高职院校要有优化学生管理队伍的业务能力，重点培养与"互联网＋"应用相关的业务能力，通过实施选拔任用制度，提高学生管理队伍对互联网的重视程度和使用程度。例如，在招聘人才时，要选取能够熟练运用互联网技术的专业人才，从根本上提高学生管理队伍的整体素质；定期组织互联网知识培训，提升学生管理队伍对互联网的应用能力，还可以采用"请进来，走出去"的方法，引进、学习先进的互联网管理经验，持续提高管理队伍的工作能力。

3. 制定行之有效的奖惩制度

在学生管理工作的考核与激励中引入"互联网＋"的相关内容，强化"互联网＋"对学生管理工作人员工作绩效的影响。具体的方式是把"互联网＋"相关工作内容纳入考核制度与激励制度，修订原有教学考核办法中与"互联网＋"视角下学生管理工作实际需求不符的地方，加大全员管理在"互联网＋"视角下高职院校学生管理过程中的考核权重。涉及的主体包括学校管理者、班主任、任课教师以及辅导员等与学生管理工作相关的人员，要加强他们在从事学生管理工作中对互联网相关内容的关注。具体可以德育学分制、诚信档案建设等形式为抓手，把学生在校期间的网络学习以及网络相关的表现纳入学生的学分考核中，并和学生的毕业证书挂钩，要求高职院校的学生只有修够规定的网络德育学分，才能毕业，逐步引导学生积极配合学校的学生管理工作，从根本上推动学生的全面发展。

（四）加强学生自我教育和自我管理

1.加强学生的自我教育

首先，"互联网＋"视角下高职院校学生开展自我教育的重要基础是学生应先接受相关教育。学生只有对"互联网＋"视角下的种种情况形成理性认识，然后才能有针对性地进行自我教育。

其次，学生管理工作者和学生处在平等的地位，这是由互联网应用的特殊性决定的。管理者和学生处在平等的地位，是互联网本身发展的要求，也是学生管理中人本管理、民主管理以及无边界管理发展的必然选择。对现今的高职院校学生管理来说，与学生处在平等地位是对高职院校学生主体意识的重视，也是学生自我教育的基础。

最后，还应关注自我教育内容的时效性。互联网有传播速度快且发展变化快速等特点，这些特点决定了学生管理应提高对时效性的关注，要把握好网络热点问题对学生自我教育的影响，利用互联网所提供的素材，提高高职学生分析问题以及解决自身所面临实际问题的能力，进而推动学生自我教育水平的提高。例如，网络舆论会给人带来较大的影响，高职院校学生作为有知识、有素质的群体，不应该对这些消息进行盲目传播和随意评论，而应该要学会分析。除此以外，学生管理者还应对学生开展自我教育的方式、方法等进行引导，引导学生提高自我教育的能力，推动学生的全面发展。

2. 加强学生的自我管理

"互联网＋"视角下高职院校的学生管理也需要实现学生的自我管理，引导学生自我成长。高职院校的大多数学生对网络社区有着较高的参与度，学生管理工作可以利用这个特点，引导学生参与学校的网络社区，在交流学习、兴趣以及浏览信息等活动中，增进学生彼此间的感情。学生管理者在鼓励学生参与网络社区生活时，还应关注对学生网络生活的引导，避免学生在网络社区活动中出现无组织和无纪律的行为，引导学生加强自律，避免学生在网络生活中"随心所欲"，进而实现学生管理的管理目标。

学生管理工作人员可以通过培养网络社区管理员的方式加强对学生的管理，如在班级群中设置管理员，管理员可以通过学生自荐或者学生选举产生，通过网络学生领袖的方式提升学生自我管理的能力。

第四节 "微时代"背景下高职院校学生管理

"微时代"背景下，微博、微信等微媒体丰富的资源信息及便捷的交流方式，对高职院校学生的学习及日常生活产生了巨大的影响。

一、"微时代"及其对高职院校学生管理的影响

在传统的管理模式下，高职院校对学生的管理更多地依赖多年来形成的规章制度和管理人员的个人经验及能力。"微时代"的到来给学生管理工作带来了机遇和挑战，传统的经验主义管理模式已不符合高职学生发展的需求，管理者应利用微时代的机遇，借助微媒体平台，接近、了解、引导学生，并为学生提供民主、平等、和谐的环境，奠定学生的主体地位，践行以学生为本的管理理念。

（一）"微时代"背景下高职院校学生管理工作面临的机遇

1.丰富了学生管理工作者的方法和手段

"微时代"背景下，很多高职院校的校园网络已基本或正在努力实现教学区和生活区的全面融合。许多高职院校学生管理工作者从工作实际出发，建立班级、院系、院校等不同层次的微博、微信、QQ 等微媒体平台，并把它们作为开展思想教育、学习教育和日常管理等工作的新

阵地，旨在创新工作方法和手段，实现高职院校学生管理方式的信息化、网络化，提高工作的时效性，增强其对学生的影响力和辐射力。学校通过微博、微信等发布各种资讯，如校园新闻、专业特色、人才培养、招生就业、师生风采、评先评优、助学贷款、学费缴纳、重要通知等，这使得微媒体平台成为校园内学生与学生、学生与教师、学生与学校沟通和交流的重要渠道，搭建了学生管理工作的崭新平台。

2. 增强了学生管理工作的改革动力

随着微信、微博等微媒体的迅速发展，特别是在学生中的普及，其对学生的价值理念、行为方式等各方面产生了巨大的影响，也给高职院校学生管理工作带来了巨大冲击和挑战，迫使管理者不得不进行改革。高职院校应顺应新的时代要求，充分利用微媒体平台，改变传统的管理方式，将管理思想、管理理念、管理内容通过微媒体在学生管理工作中加以实践，改变长期以来学生管理工作只有"看得见的管理载体"才能实现有效管理的错误认识。一方面，微媒体突破了传统媒体的单向性，向多维度、多侧面转变；另一方面，微媒体具有信息资源丰富、形式多元化、互动性强等优势，增强了学生管理工作改革的动力。

3. 激发了学生主体参与管理的积极性

"微时代"背景下，微博、微信等微媒体为学生展示个性、表达自我、了解社会、参与实践提供了平台，也使高职院校学生更加注重表现自我。

微博、微信等微媒体为学生加入校园文化建设、实行自我管理提供了宽广的平台。微媒体激发了学生参与管理的积极性。如今，在微博、微信等这些平台中，到处可见到学生参与实践、参与社会尤其是参与管理的身影。例如，学生常常通过微博或者微信发表希望享受更多的教育、管理、服务的权利，包括平等接受教育的权利、参与学校管理的权利、获得正确评价的权利、享受良好教育和生活环境的权利等，并对学校在教育、管理、服务的过程中存在的问题提出意见和建议。

（二）"微时代"背景下高职院校学生管理工作面临的挑战

1. 学生工作管理理念需要更新

传统的学生管理模式下，学校制定的学生管理工作制度很少征求学生的意见，也很少对学生的建议进行整理、反馈。管理者往往站在的校方角度看待和处理学生问题，难以将以学生为本的管理理念贯彻到位。随着"微时代"的到来，一些高职院校管理者已经运用微博、微信、QQ 群等微媒体开展学生工作，但是他们往往只是在形式上稍微有所变化，工作理念并没有更新，且工作方式、手段仍旧单一，在管理上并没有创新，学生作为被管理者依然处于从属地位，这严重影响了学生的主动性、自觉性和创造性。如今，微媒体已成为学生交流互动、学习和生活的主要方式，管理者如果不更新管理理念，树立师生平等意识，重视学生的主体性地位，极容易产生"穿新鞋，走老路"的现象。

2. 学生工作管理方式需要多样化

在"微时代"，微博、微信等微媒体传播方式具有快捷、多元、开放的特点，这给高职院校传统的学生管理方式带来了新的挑战。首先，传统的学生管理一般是垂直、单一的由上而下的方式，而微媒体时代的学生管理方式具有多角度、多方向的特点。其次，传统的学生管理方式信息传播的方式单一，而微媒体可以多维度、多视角、多时空进行信息传播。最后，在传统的学生管理中，学生的主动性差，而微媒体传播提供了较强的交互性功能，这些都为高职院校学生管理工作方式的多样化创造了条件。"微时代"背景下，学生对制度化、民主化、服务型的学生管理模式的需求日益增强，学生管理工作者应逐渐转变思想，更新观念，创新多样化的管理模式，为高职学生的全面发展创造一个广阔的平台和空间。

3. 学生工作管理内容更加复杂

"微时代"背景下，加强对学生的舆情引导是学生管理工作的重要内容，而舆情引导又是一项非常复杂的工程。"微时代"背景下，信息传播出去之后，会得到迅速关注和转发，并在很短的时间内形成舆论，极易在学生群体中造成广泛影响，甚至成为引发校园安全事件的导火索。目前，学生通过微博、微信、QQ 等微媒体平台产生的校园舆情言论主要有以下几种类型：参与国内外热点问题的言论；关于学校办学形象及声誉的言论；对学校的教学教改、管理服务、基础设施建设等相关工作的意见和建议，以及其他学生权利类的言论；校园突发公共安全事件等。为此，高职院校还应建立健全对微媒体使用的监督管理机制，积极引导校园舆论，为学校的健康、和谐、有序发展提供更好的保障。

4. 学生工作管理队伍建设需要加强

"微时代"的到来给高职院校学生管理工作者带来了诸多便利，微媒体已然成为高职院校学生管理工作的新领域、新阵地，但是微媒体技术存在一定的复杂性，对管理者素质和能力提出了更高的要求。而目前，学生管理工作队伍的微媒体技术使用能力和使用素养却有待提高。微媒体技术更新升级的速度极快，这在无形中提高了高职院校学生管理工作者的工作难度。例如，当微博在学生中盛行时，许多管理者才意识到可以利用微博对学生进行管理；当管理者已熟悉并充分利用微博进行学生管理时，学生已经开始使用微信。而且，学生管理工作队伍对微博、微信等新兴微媒体的了解程度也参差不齐。例如，有的较年长的管理者完全不了解微博、微信等使用方式，遇到临时突发事件，无法快速、及时了解事件的发展动态；年轻的管理者一般缺乏有效管理的经验及与学生沟通、互动的技巧，且发布的信息也缺乏吸引力，难以调动学生参与的积极性。

总的来说，高职院校学生管理工作应该充分发挥"微时代"的积极作用，推进微媒体与高职院校学生管理工作的有机结合，为高职院校学生管理工作实现科学化、信息化、现代化创造条件。

二、"微时代"背景下高职院校学生管理中存在的问题

"微时代"背景下，通过运用微博、微信等微媒体，高职院校学生管理工作有了较好的发展，在学生工作的理念、方式方法、内容上有所创新，并取得了一些成效。但是，在管理、运用微媒体平台时还存在一些问题和不足，主要体现在以下几个方面：

（一）管理平台定位不明确

"微时代"背景下，虽然学校、院系、学生组织等搭建了自己的微博、微信平台，但缺乏统一的学生管理工作平台，这些平台在实际中由于定位不准确等原因没有受到学生的广泛关注，在学生管理工作中的应用效果也不明显。首先，定位内容比较狭窄，有些平台仅侧重于学生管理工作的某一个方面，如以招生、就业为主题的官方微信公众号等，这些平台定位的受众群体只是学生中的一部分群体，难以发挥其在全体学生中的影响力。其次，定位姿态比较高，有些平台较为官方，如学院官方微博平台，推送和发布的信息语境较官方，缺少与学生平等、自由交流的环境，难以发挥微媒体的互动作用，最后，定位角色比较模糊，有些平台发布的许多内容都是重复的，平台内容的构建缺少清晰的定位，且对

于平台中的受众群体的需求把握不到位，难以发挥微媒体在学生管理工作中的作用。

（二）管理队伍水平有待提升

目前，运用微媒体进行高职院校学生工作的管理队伍还未成型，许多高职院校依旧依靠学工处、院团委、保卫处、后勤处、各院系学工办、辅导员、班主任和学生团体组织等来负责学生管理工作。这些管理者对微媒体使用技术、现代传播理论以及信息网络技术等缺乏系统的认识，在一定程度上限制了微媒体平台应有功能的充分发挥。"微时代"背景下，学生管理工作者应顺应时代发展的潮流，以积极的态度认识微媒体，通过学习相关知识不断提高使用微媒体技术的能力和素养，积极探索、创新高职院校学生管理工作的新方法、新路径，把新时代高职院校学生的学生管理工作推向新的高度。

（三）管理内容缺乏创新

"微时代"背景下，虽然有很多学生管理工作者能够运用微媒体开展工作，但是由于技术能力不强、时间精力有限、资金投入不足等原因，平台中展示的内容较为简单、枯燥无味，且更新的速度较慢，难以满足学生的实际需求。例如，有的高职院校院系学生会组织虽然开通了微博平台，但是内容单一且更新较慢，关注的学生较少；有的板块设计较少，比较单调，且发布的内容主要以大篇章文字为主，枯燥无味，阅读起来耗时费劲，难以吸引学生的注意力；有的只有只字片语，没有更新；有的只是简单地复制粘贴学校新闻，很少有新的内容，且缺少互动。另外，虽然辅导员、班主任等学生管理工作者也纷纷创建 QQ 群、微信群等来开展学生管理工作，有些任课教师也加入了学生的微媒体平台，但不论是学生管理工作人员，还是任课教师，在平台上的活跃度并不高，发布的内容除了简单的师生间的问候，便只是发布一些文件通知、班级事务等，没有达到更好地开展学生管理工作的目的。

（四）管理方式比较松散

虽然不少高职院校已经意识到了微媒体的重要作用，也在实践中不断改进工作方法，但是对微媒体的运用仍然缺乏统一的规划，管理方式也比较松散。例如，有些微信公众号发出的信息不精准，出现了主题模糊不清、内容杂乱无序、质量良莠不齐等现象；有的对学生反馈的信息收集、整理不及时，只发挥了传播信息的功能，没有很好地发挥交流、管理、服务的功能。为了持续发挥微媒体在学生管理中的作用，学校需要投入大量的人力、物力、财力，对校园各类微媒体进行长期管理、维护，这也是目前难以实现统一规划管理的重要原因。归根结底，管理方式松散主要是因为学校缺乏全方位性的统筹规划。目前，多数高职院校运用的微媒体不能构成一个相互补充、相互融合的体系。

三、"微时代"背景下高职院校学生管理的创新措施

"微时代"背景下，高职院校学生管理工作可从转变学生工作管理理念、优化学生工作管理队伍、健全学生工作管理平台、丰富学生工作管理方式四个方面积极探索高职院校学生管理工作的创新措施，不断增强学生管理工作的创造力、号召力和影响力。

（一）实施"微管理"，转变和创新学生工作管理理念

1. 学生管理工作思维的转型

"微时代"背景下，学生管理工作者可以将微媒体平台作为学生管理工作的阵地和主体，使学生管理工作不断实现现代化和科学化，从而提高工作效率，这就需要学生管理工作进行思维转型。

第一，学生管理工作者应该重视微媒体平台的潜在管理功能。"微时代"背景下，随着微博、微信等微媒体在学生中的普及，管理者如果能运用这些平台作为和学生互动及管理的新的方式和途径，能很好地融入学生的学习、生活，就有可能发挥微媒体平台潜在的管理功能。这就需要学生管理工作者转变思维，正确认识微媒体、认真研究微媒体、大胆使用微媒体。

第二，管理思维由现实管理向虚拟管理转型。与学生进行面对面的交流是管理者普遍采用的方式。但是在微时代，这种方式可能并不为学

生们普遍接受，甚至容易使部分学生产生厌倦。因此，学生管理工作的思维应该向虚拟管理转型，通过以学生喜闻乐见的虚拟微媒体方式开展宣传、交流、管理、服务等。

第三，积极转变管理理念。把握"微时代"带来的机遇，树立"以生为本"的理念，打造民主和谐的校园环境、构建科学完善的学生管理制度、重视学生的主体性地位，使管理更加的科学化、民主化和正规化，从而实现学生的全面发展。

第四，学校也应适应潮流，转变学生管理工作思维，适应新环境、新要求，实施微时代微管理，将微媒体平台建设纳入学校整体学生管理工作战略中，加大资金和技术的投入，并谋求可持续发展的创新之路，为推进高职院校学生管理工作健康、有序发展奠定坚实的基础。

2. 重视微媒体使用的价值引导

高校阶段是学生形成正确的价值观、世界观、人生观的重要阶段，而与各种复杂信息接触，容易对学生的思想观念和道德认知造成不良影响，甚至使学生出现理想信念不坚定、价值观混乱等问题，如果不能及时地加以正确引导，可能会使学生误入歧途。微媒体平台既有利于学生更新思想观念，又容易使他们受到不良信息的误导，影响他们正确观念的形成。但是，如果能引导学生正确使用微媒体，培养学生良好的微媒体使用素养，就能使学生批判性、有选择性地利用微媒体平台中的资源，从而使学生自发地抵制不良信息，进而促进学生自身的全面发展。高职院校可以指导和鼓励学生尝试参加微媒体实践活动，提高微媒体使用技能，如制作微视频、微电影，举办微公益校园活动项目等。

（二）打造"微队伍"，推进和优化学生工作管理队伍

1.建设"四位一体"的学生工作管理队伍

"微时代"背景下，可尝试利用微媒体平台的便捷、快速、易互交的特性，建设辅导员、教师、学生干部、家长"四位一体"的学生工作管理队伍。辅导员、教师、学生干部、家长不仅要在学生管理工作中发挥各自的作用，相互之间还要加强配合、加强交流、优势互补、协调一致，从而实现"1+1+1+1＞4"的效果，最大限度地发挥"四位一体"学生工作管理队伍的功能。

（1）辅导员

辅导员是负责学生思想政治工作和日常管理的骨干力量，是学生健康成长的指导者和引路人，他们的主要职责是负责学生思想政治教育、学生党团、班级、学生学业、就业、交友、心理咨询指导、学生宿舍管理、奖助困补、安全维稳等工作，在大学校园中与学生接触最多、关系最为密切，学生对他们的依赖程度比较高。辅导员与其所带学生的比例一般不低于1∶200，工作量大，任务较重。"微时代"背景下，辅导员可以利用微媒体平台提高工作效率，扩大学生受众面。例如，利用班级微信、

微博、QQ等微媒体准确地传达信息、详细地描述事件、积极地交流互动、有序地管理引导，以达到更好地服务学生的目的。

（2）教师

教师开展学生管理，可从已有校园资源入手，加强对学生管理工作相关部门及人员，如学校学工处、保卫处、招生就业处、后勤处、团委、各（院）系学工办、班主任等教师的培训，提高他们使用微媒体的能力，鼓励他们利用微媒体平台开展工作。他们既要维护好部门或个人的微媒体平台，又要关注学生的媒体平台，以已获得较好的管理效果。例如，通过微博"互粉"，通过微信或QQ与学生交朋友，既能增进师生感情，又能及时了解学生动态；或是利用自己的微媒体平台在学生中传递正能量，引导学生树立正确的价值观。

（3）学生干部

除了学生会、团总支、社团联合会、青年志愿者等学生组织的学生干部，还可以组建一支作风好、纪律强、技术强的学生干部队伍，深入到学生中间，积极转发、传播学校官方信息，及时关注学生的舆情动态，传递正能量，发挥学生相互影响的积极作用。例如，组建学生干部"微"团队，专门从事微电影、微故事、微公益、微访谈等"微"素材的制作，并发布到学生的微媒体平台上，以达到教育管理的目的。

（4）学生家长

随着"微时代"的到来，越来越多的家长也使用微博、微信、QQ等微媒体，这就为教师、学生、家长三方互动、共同关注学生的成长提供了更好的平台。例如，教师可通过微媒体平台向家长反馈学生在校园的学习、生活、心理等情况。这样，家长能及时了解学生的最新动态。

为了更好地发挥"四位一体"学生工作管理队伍的作用，学校也可通过开展微媒体培训、社会考察、知名媒体机构交流经验等学习活动，加强他们对微时代的认识，鼓励他们提高运用微媒体的技术、能力和素养。

2. 激发学生"意见领袖"的积极引导作用

学生"意见领袖"发挥的作用具有两面性。一方面，如果他们在微媒体平台上发布的信息是正能量的、与学生的互动是友好的、对校内事件和热门观点的态度是积极的，就能引导舆论朝着积极向上的方向发展，且有利于事情的化解；另一方面，如果他们发布的信息充满负能量，对学校稍有不满就煽风点火，就很有可能引发校园风波。高职院校可尝试培养一批学生"意见领袖"，并加强对他们的培养和引导，充分发挥他们的积极引导作用，使他们成为学生管理工作的重要力量，以便更好地为学生服务。总之，学生"意见领袖"在学生管理工作中的积极作用不容小觑，高职院校可以从人才发展的角度考虑出发，充分尊重学生主体，多角度构建培育机制，并形成系统、科学的培养体系。

（三）搭建"微平台"，建立和健全学生工作管理平台

1. 保障微媒体平台广泛应用

"微时代"背景下，为了使微博、微信等微媒体平台顺利发挥其作用，学校必须建设满足微博、微信等微媒体平台使用需要的基础设施、硬件环境和软件设备，并进行长期管理、维护，以保障微媒体平台在校园内的广泛运用。基础设施在校园的覆盖面要广，能覆盖教室、实训室、图书馆、运动场、食堂、学生宿舍等区域。总而言之，就是要创造以硬件条件为基础、以相应软件程序为补充、以长期维护为支撑，保障学生管理工作能够运用微媒体平台长期、有效地开展。

2. 搭建多元微媒体平台

第一，注册学校的官方微博、微信公众号等，构建家、校、企、社互相关联的平台，并经常更新动态。第二，搭建各院系、部门的微博、微信等微媒体平台，通过双向互动，倾听学生的意见和建议，不断提高学生工作的服务质量。第三，鼓励教师开通个人微博、微信等微媒体平台，并与学生互动，为学生学习、生活提供帮助。第四，鼓励学生组织、社团、班级搭建自由、民主、文明、守纪的交流平台，进行群体间的互动和思辨，激发学生及学生工作的活力。搭建学校、部门、教师、学生组织相互关联的微媒体平台，所有平台不能只建不管，还要加强监督、管理、维护，统一协调，相互补充，避免重复。

3. 搭建精品微媒体平台

"微时代"背景下，为了更好地发挥微媒体平台在学生管理工作中的作用，还可以搭建专门的、针对性较强的学生管理工作微博、微信平台。例如，注册"校园百事通"微信公众号，并有针对性地发布学生管理工作内容，在"校园百事通"微信公众号中创建学生教育、学生管理、学生服务等模块菜单，在学生教育模块中设计党团教育、理想信念教育、法治教育、心理健康、安全教育、主题教育等栏目；在学生管理模块设计校纪校规、奖惩通报、学生动态、档案管理、事务管理等栏目；学生服务模块中设计文件通知、学习园地、就业创业、主题活动、校园生活、课表成绩查询、奖助贷困补、虚拟社区、联系我们等栏目。每个栏目下还可以添加子栏目，如校务管理课下开设宿舍管理、勤工助学、请假申请等栏目。所有栏目中的内容运用文字、图片、视频、音频等素材，且贴近学生、贴近生活，使用具有地方特色、学校特色，学生容易接受的语境，引起学生的共鸣和认同，吸引学生注意力，满足学生需求，提高学生关注、点击、阅读、参与、转发、评论的兴趣，使平台能够受到学生的广泛关注，从而不断提高学生管理工作的服务质量。

4. 构建微媒体平台的监督管理机制

"微时代"背景下，微媒体技术在校园广泛运用。在这种环境下，信息的发布和传播比以往更加自由，且信息的传播在某种程度上处于一种"时间、空间、资讯无障碍"的状态，具有不确定性和难以控制性。另外，平台太多，容易呈现空白、松放、无序的状态，缺乏统一组织，且没有相互协作，难以实现有效利用。因此，"微时代"背景下，系统化的制度建设和科学的监督管理机制的构建显得尤为重要。

首先，要研究、制定科学、有效、统一的有关微媒体运行的规章制度，加强对微媒体的有效监管。其次，对校园内多层次的微媒体平台进行监督和引导，并实时从源头上净化、过滤不良、有害信息，确保学生拥有健康的环境。最后，构建"线上＋线下"两手抓的监督机制，结合传统的管理方式，丰富监管的形式和内容。"微时代"背景下，高职院校只有研究出合适的微媒体，科学使用管理方法，并建立合理的微媒体使用管理机制，才能创造安全、公序的校园环境，维护校园稳定。

（四）开展"微活动"，丰富与创新学生工作管理方式

1. 建设"微活动"校园文化，形成管理特色

高职院校学生管理工作者可以使用微博、微信等微媒体平台开展校园"微活动"，并通过活动向学生传播教育知识信息、弘扬社会主旋律和树立正确的价值观念，以凸显管理特色，为更好地开展"微时代"背景下高职院校学生管理工作奠定基础。首先，可尝试挖掘和培养一批思维活跃、现代意识强、善于策划且多才多艺的教师或学生干部队伍，使他们深入学生中间，并能够顺应时代需求，不断创建新的活动形式。其次，

加入微时代元素、微时尚元素，推广校园文化活动，吸引学生积极地参与进来。最后，创新校园文化活动形式，在传统的校园文化活动形式的基础上，举办一些符合时代发展的校园文化活动，如微电影比赛、微博摄影评比、微商创业活动等。"微时代"校园文化活动既能丰富学生的课余生活，又能锻炼学生的人际交往能力，使学生能够积累社会实践经验。

2. 推广"微公益"校园项目，凸显"育人无形"的管理效果

微公益是指通过微不足道的小事来进行公益事业的传播。微公益强调从点滴小事做起，积少成多，帮助需要帮助的人和事。在学生中开展微公益校园活动项目，既能帮助学生解决难题，还能弘扬互帮互助精神，增进感情，传递正能量，实现"育人无形"的效果。高职院校举办校园微公益活动项目意义深远，能够提升学生的社会责任感，培养学生的思想道德品质。因此，高职院校学生管理工作者要了解有关微公益的基本知识，并结合工作中的具体情况，经常举办一些适合学生参与的微公益校园活动项目。

参考文献

[1] 刘颖 . 高职院校辅导员学生管理工作面临的问题及解决策略 [J].
科教导刊，2024（02）：43-45.

[2] 张玥，张航庆 . 新时代高职院校辅导员开展学生管理工作的方法
研究 [J]. 公关世界，2023（24）：88-89.

[3] 李欢欢 . 高职院校辅导员学生管理工作方法探讨 [J]. 产业与科技
论坛，2023，22（21）：274-276.

[4] 赵英杰 . 管理信息化背景下高职院校辅导员开展学生管理工作探
究 [J]. 科教导刊，2023（19）：136-138.

[5] 连宸琰 . "以生为本"理念下高职院校辅导员改进学生管理工作
的策略探究 [J]. 齐齐哈尔师范高等专科学校学报，2023（02）：92-95.

[6] 陈文兴 . 高职院校辅导员学生管理工作法治化对策研究 [J]. 产业
与科技论坛，2023，22（06）：287-288.

[7] 林莹 . 强化日常管理教育，引导学生健康成长——高职院校政
治辅导员工作案例分析 [J]. 工程技术研究，2022，7（16）：157-159,
169.

[8] 曹杰 . 浅谈高职院校辅导员的学生管理工作 [J]. 邯郸职业技术学院学报，2021，34（03）：86-88.

[9] 王立波 . 高职院校新入职教师兼任辅导员开展学生管理工作的现状研究 [J]. 科技风，2021（20）：148-149.

[10] 刘杰 . 高职院校辅导员在学生管理工作中的优化策略分析 [J]. 现代职业教育，2021（19）：202-203.

[11] 聂朝娟 . 高职院校辅导员进行学生教育管理创新实践与思考 [J]. 陕西教育（高教），2020（10）：54-55.

[12] 陈昌华 . 提高高职院校辅导员学生管理工作成效的策略探析 [J]. 延边教育学院学报，2020，34（04）：173-175.

[13] 王稼瑞 . 高职院校现代学徒制学生管理工作中辅导员角色研究 [J]. 农村经济与科技，2020，31（04）：318-319.

[14] 闫晋芳 . 新时代高职院校辅导员创新班级管理工作思考 [J]. 现代交际，2020（01）：176-177.

[15] 刘玮 . 刍议高职院校辅导员的学生管理工作 [J]. 才智，2020（01）：125.

[16] 张静 . 高职院校辅导员学生管理工作的探讨 [J]. 农家参谋，2019（24）：279.

[17] 刘玮 . 浅谈高职院校学生辅导员工作创新 [J]. 才智，2019（35）：57.

[18] 吉飞宇.基于新形势下的高职院校辅导员学生管理工作途径 [J].中外企业家，2019（32）：130.

[19] 刘晓媛.新时代高职院校辅导员学生思政工作创新路径探究 [J].才智，2019（26）：179.

[20] 王庆.少数民族地区高职院校辅导员学生管理工作的艺术性研究 [J].湖北开放职业学院学报，2019，32（14）：77-78.

[21] 黄俊荣.福建高职院校学生宿舍管理研究 [D].泉州：华侨大学，2022.

[22] 杨思柳.民办高职院校亚文化对学生管理的影响及引导策略研究 [D].桂林：广西师范大学，2022.

[23] 杨光芬.网络化时代贵州高职院校学生管理有效性研究 [D].贵阳：贵州大学，2021.

[24] 李兴书.流程再造视野下贵州高职院校学生管理一站式服务优化研究 [D].贵阳：贵州大学，2021.

[25] 廖莹.融媒体在高职院校学生管理工作中的运用研究 [D].南昌：华东交通大学，2021.

[26] 王经纬.信息化背景下高职院校学生管理工作创新研究 [D].兰州：西北师范大学，2021.

[27] 康宏伟.盐城高职院校学生工作风险管理研究 [D].南京：南京邮电大学，2019.

[28] 耿乃国 . 高校辅导员工作理论与实务 [M]. 北京：北京师范大学出版社，2021.

[29] 夏吉莉 . 高校辅导员核心职业能力研究 [M]. 昆明：云南大学出版社，2020.

[30] 陈静 . 高校辅导员工作谈话中的身份选择研究 [M]. 南京：南京大学出版社，2020.